AF325476

COUTUME

DU
COMTÉ

&

BAILLIAGE
D'AUXERRE;

Avec le Procès-Verbal.

NOUVELLE EDITION.

25. sols relié.

A AUXERRE,

Chez François FOURNIER,
Imprimeur de la Ville.

M. DCC. XLIII.

Avec Approbation & Privilege du Roi.

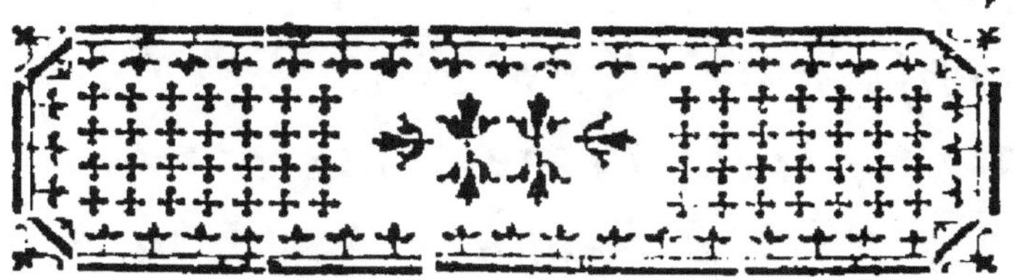

A MONSIEUR

MARIE

D'AVIGNEAU.

ONSIEUR,

S'il en est des impressions des
Livres comme de toutes les au-
tres choses qui s'usent avec le
tems ; les vérités, ou les Loix

a ij

renfermées dans ces Livres sont toujours les mêmes. La Coutume d'Auxerre a essuyé le premier sort ; mais quoique les Exemplaires en soient devenus extrêmement rares, son esprit cependant n'a point changé. Avec quel empressement ne demandoit-on pas une nouvelle impression de cette même Coutume? Un de mes premiers desirs, après mon établissement dans cette Ville, a été de satisfaire les vœux si louables du Public. J'ai donc travaillé avec toute l'attention possible à l'impression de cet Ouvrage depuis si long-tems désiré ; & je lui donne aujourd'hui sa derniére perfection en le faisant paroitre, MONSIEUR, sous l'honneur de votre protection.

L'étude des Loix divines & humaines doit faire la plus sérieuse occupation de ceux qui sont obligés par état de rendre la justice au Peuple; aussi ne peuvent-ils pas s'appliquer trop tôt à un travail si nécessaire. Le Livre que j'ai l'honneur de vous présenter, MONSIEUR, vous servira comme de prélude à une autre étude beaucoup plus étendue. Avant que vous passiez à la lecture du Code & du Digeste, vous trouverez dans la Coutume comme une idée générale de la Justice qui vous occupera utilement, & qui servira à vous former de plus en plus le cœur & l'esprit.

Quelles heureuses espérances, MONSIEUR, n'avons

nous pas sujet de concevoir de vous ! Elevé sous les yeux d'un Pere qui honoroit autant sa Charge, que sa Charge l'hono-roit, & dont la mémoire vivra long-tems parmi nous ; d'un Pere qui vous étoit encore plus cher par la solide éducation qu'il a toujours cherché à vous don-ner, que par la vie que vous tenez de lui : n'est-ce pas un heureux pronostic de vous voir marcher sur ses traces & vous former sur ses exemples ; & que destiné à monter un jour sur le Tribunal, vous n'y monterez comme lui qu'avec l'amour de la justice dans le cœur, & que pour faire régner par tout le bon droit & l'équité ? C'est par une étude assidue, par une applica-

tion férieufe à vous inftruire à
fonds de nos Loix, de nos Ordonnances, de nos Coutumes,
de nos Ufages, que vous l'imi-
terez; & que vous deviendrez
bientôt vous-même le modéle &
l'exemple, l'ame & le confeil
d'un Corps fi célébre par la pro-
fondeur de fes lumiéres & par
l'équité de fes jugemens, à la
tête duquel vous vous trouverez encore plus par l'étendue de
votre merite que par la dignité
de votre Charge.

Il ne nous refte plus, Mon-
SIEUR, qu'a demander au Ciel
qu'une floriffante jeuneffe foit
fuivie en vous d'une vieilleffe
confommée, & que le Seigneur
en vous donnant des jours pleins,
prolonge le plaifir & la joye que

nous reſſentons de vous avoir un jour pour Juge. Ce ſont les vœux que ne ceſſera de faire le reſte de ſa vie celui qui eſt avec un parfait dévouement & un profond reſpect,

MONSIEUR,

Votre très-humble & très-obéiſſant Serviteur,

FOURNIER.

AVIS

DE L'EDITEUR.

EN présentant au Public cette nouvelle Edition de la Coutume d'Auxerre, j'aurois souhaité pouvoir l'enrichir de quelques Notes; mais l'empressement avec lequel on m'en a demandé l'éxécution ne m'a pas permis de pouvoir profiter des éclaircissemens & instructions que quelques personnes bien intentionnées pour le bien public vouloient me procurer. Comme leur zéle ne s'est point rallenti, je pourrai profiter de leurs lumiéres & de celles de tous ceux qui voudront bien m'honorer de leurs conseils pour travailler à une nouvelle Edition plus étendue, si le Public reçoit favorablement celle-ci, que j'ai tâché de rendre d'une forme la plus commode.

J'espere que son execution fera plaisir, & qu'elle servira à faire décider plus facilement ceux qui s'étant appliqués à faire quelques Remarques, pour l'interprétation de cette Cotume, seroient dans le dessein d'en faire part au Public par mon ministere, que j'employerai toujours avec plaisir pour tout ce qui pourra lui procurer quelque avantage ; surtout encore en ce qui regardera une Province qui m'a vu naître , & à laquelle je me trouve attaché plus par inclination , que par l'Emploi que j'y exerce.

J'ai crû obliger plusieurs Lecteurs en ajoutant à cette Edition l'Extrait qui suit, du Réglement de Messieurs les Officiers au Baillage & Siége Présidial d'Auxerre , du 6. Juin 1735. concernant les Audiances & Vacations de ce Siége Royal , ce qui ne peut être qu'utile & nécessaire à plusieurs, qui font souvent de longs & inutiles voyages , faute d'être instruits de ces régles.

xij

On avertit enfin ceux qui souhaiteront de cette Coutume sans le Procès-Verbal de s'en précautionner de bonne heure, par ce qu'il n'y en a qu'un fort petit nombre auquel on ne l'a pas joint.

EXTRAIT

DU REGLEMENT
de Meffieurs les Officiers du Baillage & Siége Préfidial d'Auxerre.

Concernant les Audiances & Vacations.

Du 6. Juin 1735.

LEs Audiances, tant du Baillage Civil que du Préfidial, fe tiendront fuivant le Réglement de 1673. les unes & les autres à huit heures précifes du matin jufqu'à onze, depuis le jour de S. Martin jufqu'à Pâques ; & depuis Pâques jufqu'aux Vacations à fept heures précifes jufqu'à huit.

Les Audiances du Baillage & Préfidial, & des autres Juftices de cette Ville feulement celleront,

b·

xiv

SçAVOIR, le Lundi de devant la Purification, *jour de Foire.* Depuis le Jeudi-Gras jusqu'au Dimanche des Brandons inclusivement. Le Jeudi de la Mi-Carême. Le Lundi de la Semaine de la Passion, *jour de Foire.* Depuis le Dimanche des Rameaux jusqu'au Dimanche de Quasimodo inclusivement. Les trois jours des Rogations. Le Lundi de la Semaine précédente la Pentecôte, *jour de Foire.* La veille de la Pentecôte & toute la Semaine de ladite Fête. La veille de la grande Fête de Dieu, & le jour de l'Octave. Le 22. Juillet, *jour de Foire de la Magdelaine.* La veille de l'Assomption. Le Lundi précédent la Nativité de la Vierge, *jour de Foire.* Le 11. Novembre, *jour de Foire de la Saint Martin.* Et depuis la veille de Noël jusqu'au jour des Rois inclusivement.

Toutes Expéditions de Justice, Significations & autres Actes faits

les fufdits jours que lefdites Audiences cefleront, feront bons &
valables.

Les Audiances, & toutes Expéditions de Juftices, Significations
& autres Actes, cefleront auffi
dans chacune des Paroifles de ce
Reflort, les jours de leurs Fêtes
Patronales.

Les Vacations feront données
le fept du mois de Septembre in-
clufivement par la derniére Audience du Baillage ou Préfidial,
& finiront le lendemain de laSaint
Martin, & la premiére rentrée fe
fera auffi par une Audience du
Baillage ou du Préfidial.

Les Audiences des Vacations
fetiendront en la maniére accou-
tumée de quinzaine en quizaine,
Sçavoir, celles du Préfidial le
Mercredi, & celles du Baillage le
Mardi à neuf heures du matin.

Outre les jours ci-deffus de cef-
fation d'Audiences elles cefferont
encore, & il ne fera fait aucune

xvj

Expédition, Signification ou autre Acte de Justice, les jours ci-
après.

SÇAVOIR,

EN JANVIER.

Le premier jour de la Circonci-
fion.

Le 6. Les Rois.

Le 20. Saint Sebaftien.

Le 28. Saint Charlemagne.

FEVRIER.

Le 2. La Purification.

MARS.

Le 25. L'Annonciation de Notre-
Dame.

AVRIL.

Le 25. Saint Marc.

MAY.

Le premier Saint Amatre.

Le 9. Saint Nicolas.

Le 16. Saint Pellerin.

Le 19. Saint Yves.

JUIN.

Le 24. Saint Jean-Baptifte.

Le 29. Saint Pierre & Saint Paul.

JUILLET.

Le 31. Saint Germain.

AOUT.

Le 3. Saint Etienne, pour la Ville & Fauxbourgs feulement.

Le 5. Saint Eufebe, pour la Paroiffe feulement.

Le 15. L'Affomption de Notre Dame.

Le 16. Saint Roch.

Le 25. Saint Loüis.

SEPTEMBRE.

Le 8. La Nativité de Notre-Dame.

OCTOBRE.

Le 28. Saint Simon & Saint Jude.

NOVEMBRE.

Le premier la Fête de la Touffaint.

Le 2. Les Trépaffez.

Le 3. Saint Hubert.

Le 30. Saint André.

DECEMBRE.

Le 6. Saint Nicolas.

Le 8. La Conception de Notre-Dame.

Le 21. Saint Thomas.

Le 25. La Fête de Noël.

xv iij

Le 26. Saint Etienne.
Le 27. Saint Jean.

La Viſite des Priſonniers ſe fe-
ra par Meſſieurs, le Mardi de la
Semaine-Sainte, & la Veille de
Noël, le matin à neuf heures.

TABLE

Des Titres de la Coutume.

COUTUME

COUTUMES
DU COMTE'
ET BAILLIAGE
D'AUXERRE.

TITRE PREMIER.
DE JUSTICE
HAUTE, MOIENNE & BASSE.

ARTICLE I.

CELUI qui a haute Juſtice, a juriſdiction & connoiſſance des cas pour leſquels échet pei-ne de mort, inciſion de m mbres, fuſtiger, fletrir, pilorier,

écheller, bannir, & autres sem-
blables.

ARTICLE II.

Tout Seigneur haut Justicier
peut avoir Signe patibulaire à
trois ou quatre pilliers, & non
plus, s'il n'est Baron ou Comte.

ARTICLE III.

Pilori & Echelle sont signes
de haute Justice, & qui peut avoir
& faire l'un, peut semblablement
avoir & faire l'autre.

ARTICLE IV.

Avoir, tenir & donner étalons
de poids & de mesures appartient
au Seigneur haut Justicier, avec
connoissance de la transgression
desdits poids & mesures : mais
l'émolument & profit de l'amende appartient au moyen Justicier,
jusqu'à soixante sols tournois ;
& ce qui excedera ladite somme,
audit haut Justicier.

ARTICLE V.

Si les signe patibulaire, échelle ou pilori d'aucun Seigneur haut Justicier sont tombés à terre, ledit haut Justicier les peut faire relever dans l'an & jour, sans en demander congé ; ce qu'il ne peut faire après lesdits an & jour passés, sans l'autorité du Bailli, le bois étant en place : & s'il n'y a apparence de vieux bois, se doit pourvoir devers le Roi, & avoir Lettres de sa Chancellerie.

ARTICLE VI.

Si les gens d'Eglise, Confrairies, Communautés & autres de main-morte acquiérent au profit de leurs benefices, Confrairies & Commutautés aucuns héritages en la Terre du Seigneur haut Justicier ou censuel, icelui Seigneur dans l'an après que l'acquisition sera venuë à sa connoissance, leur peut faire commandement

par Justice que dans l'an & jour
ils mettent hors de leurs mains
lesdits héritages , à peine de les
appliquer à son domaine, laquelle
peine sera contre eux déclarée ,
iceux appellés & oüis , s'il est
trouvé qu'ils n'ayent obéï , lesdits an & jour passés : mais si ledit Seigneur ne fait ledit commandement dans ledit tems , il
ne pourra demander que son indemnité.

Article VII.

Et ne sera ledit Seigneur haut
Justicier tenu & reputé avoir eu
connoissance desdites acquisi-
tions, sinon du jour que les ac-
quereurs lui auront insinué leur
acquisition en forme dûë , & d'i-
celle baillé copie signée du Notaire ; & en l'absence dudit Seigneur , à son Procureur au lieu
de sa Justice. Ou que ledit Seigneur , ou Procureur pour lui
specialement fondé , ait reçu ou

compoſé des lots & ventes , ou
autres profits de ce qui eſt en ſa
Cenſive , & d'iceux baillé quit-
tance,ou fait acte de compoſition.
par-devant perſonne publique.

ARTICLE VIII.

L'indemnité du Seigneur eſt
eſtimée monter au revenu de trois
années de la choſe acquiſe , ou le
ſixiéme denier du prix & valeur
d'icelle , au choix de l'acquereur.
Et outre ce revenu ou ſixiéme denier , ſont leſdits gens d'Egliſe
ou autres de main-morte tenus de
bailler audit Seigneur , homme
vivant & mourant , par le trépas
duquel ledit Seigneur prendra le
revenu d'une année deſdits héritages , rentes , ou autres droits
acquis.

ARTICLE IX.

Toutefois , pour héritages
francs & allodiaux , n'eſt dûë aucune indemnité.

A iij

ARTICLE X.

Et s'il advient que par défaut
d'obéir par les gens d'Eglise ,
Confrairies & Communautés &
autres gens de main-morte aux
commandemens qui leur feront
faits de vuider leurs mains, l'héritage demeure acquis audit Seigneur haut Justicier , ledit Seigneur fera tenu dans le cours de
l'année fuivante de le mettre en
main habile , & telle que le Seigneur Censier y puisse percevoir
librement son cens.

ARTICLE XI.

Trésor mussé d'ancienneté dont
on ne peut avoir connoissance à
qui il puisse appartenir, fera di-
stribué, à sçavoir, à celui qui le
trouvera en son héritage la moitié, & au Seigneur haut Justicier
l'autre moitié:& celui qui le trouvera en l'héritage d'autrui, y aura
un tiers, le Propriétaire un tiers

& le Seigneur l'autre tiers.

ARTICLE XII.

Donner afsûrément eſt un exploit de haute Juſtice , lequel ne doit être baillé ſans ſommaire connoiſſance de cauſe , ſinon qu'il ſoit baillé reſpectivement aux Parties.

ARTICLE XIII.

Toutes aubeines , épaves , & biens vacans ſont & appartiennent au Seigneur haut Juſticier.

ARTICLE XIV.

Epave ſe doit dénoncer & publier ès lieux accoûtumés de faire cri & proclamation auſſi-tôt qu'elle eſt trouvée. Et depuis par trois quinzaines prochaines & conſécutives , pendant leſquelles ſi aucun apparoît qui prouve la choſe lui appartenir , elle lui doit être renduë, en payant les frais de Juſtice , avec la garde &

nourriture, ſi elle y échet. Toutefois ſi ledit Seigneur voit que ladite épave ſoit de petite valeur, & qu'elle ne ſuffiſe au payement de ſa garde & nourriture, il la peut, après la premiere quinzaine & criée, faire vendre, & garder l'argent au profit de qui il appartiendra.

ARTICLE XV.

Celui qui trouve épave & la recele, ſans la ſignifier dans vingt-quatre heures à la Juſtice, eſt amendable d'amende arbitraire.

ARTICLE XVI.

Celui qui a moyenne Juſtice peut & lui loit faire main-miſe, criées & ſubhaſtations, créer & bailler tuteurs & curateurs, faire ſcellés & inventaires, interpoſer decrets pour l'alienation des biens des mineurs & autres, & faire émancipations.

ARTICLE XVII.

Le Seigneur bas Justicier a Jurisdiction & connoissance de toutes causes civiles, personnelles, réelles & mixtes non excedant pour une fois soixante sols tournois. Et encore des méfaits de ses sujets jusques à semblable somme de soixante sols tournois & au dessous.

ARTICLE XVIII.

Le Seigneur bas Justicier peut avoir Siége notable, Prevôt, Maire, Sergens & Prisons raisonnables à rez de chausée pour garder ses prisonniers.

ARTICLE XIX.

Aux Seigneurs hauts Justiciers appartiennent les droits qu'ont les Seigneurs moyens & bas Justiciers. Et ausdits Seigneurs moyens Justiciers appartiennent les droits qu'ont les bas Justiciers.

ARTICLE XX.

Celui qui a Justice censiere a
droit de prendre & percevoir
l'amende de trois sols tournois,
par faute de cens n'ont payé.
Laquelle amende ne se peut demander que pour l'année derniére
seulement : & outre peut contraindre le detempteur des héritages censuels, à lui payer trois
années d'arrérages dudit cens seulement quelque laps de tems
qu'on ait laissé à payer ledit cens.

ARTICLE XXI.

Le Seigneur censier a droit de
demander & percevoir de l'achepteur d'heritage censuel lots &
ventes des héritages acquis en sa
censive : à sçavoir, pour les lots
deux sols tournois, pour le contract & pour les ventes, vingt
deniers tournois, pour chacune
livre du prix contenu audit contract ; lesquels lots & ventes se

doivent payer ou deprier par l'a-
chepteur dans quarante jours
apres le contract d'achapt parfait. Et qui ne paye ou deprie
audit Seigneur ou à ſon Receveur , dans leſdits quarante jours,
il eſt amandable de ſoixante ſols
tournois envers ledit Seigneur
cenſier.

Article XXII.

Peut auſſi ledit Seigneur cenſier
par faute de cens non payé , empécher pour les arrérages de trois
dernieres années la deblure &
fruits pendans en héritages chargés de cens , & arréter les revenus & loüages des maiſons : &
en cas d'oppoſition demeurera la
main garnie pour la derniere année ſeulement ; & au regard de
l'amende par faute d'avoir payé
ledit cens , elle gît en action comme le ſurplus des arrérages pour
deux années ſeulement.

ARTICLE XXIII.

Tous héritages font réputés & tenus pour francs & libres de cenfive s'il n'appert du contraire : Et auffi excepté que fi un Seigneur a accoutumé de prendre cenfive en fa Terre, le particulier ne s'en pourra exempter pour quelque tems que ce foit, s'il n'a titre ou convention au contraire. Mais fera tenu payer icelle cenfive à la raifon des autres héritages fujets & redevables à icelle. Et où il y aura audit lieu cenfive de divers prix, à raifon de la moindre.

ARTICLE XXIV.

Celui qui aura fait échange ou contract frauduleux, par lequel les droits des Seigneurs cenfiers font cachés ou diminués, fera tenu en doubles droits & profits Seigneuriaux, outre l'amende ordinaire du depri.

ART.

Article XXV.

Et ſera l'échange reputé frauduleux , ſi dans l'an le comper-
mutant retire la choſe échangée
ou ſe trouve poſſeſſeur d'icelle.

Article XXVI.

Le condamné au dernier ſupplice confiſque corps & biens. Et
appartient ladite confiſcation aux
Seigneurs hauts Juſticiers en la
Juſtice deſquels ſont leſdits biens:
excepté toutefois en cas de leze-
majeſté humaine , auquel cas la
confiſcation appartient au Roi.

Article XXVII.

Le banni perpetuellement & à
toujours confiſque tous ſes biens.

Article XXVIII.

L'homme marié confiſque pour
ſon crime ſon héritage propre ,
& la moitié des meubles & conquêts ſeulement , l'autre moitié

deſdits meubles & conquêts demeurant à la femme avec ſon héritage propre & doüaire. Et retenant par la femme dadite moitié des meubles & conquêts, ſera
tenuë en la moitié des dettes per-
ſonnelles.

ARTICLE XXIX.

La femme mariée pour ſon forfait confiſque ſeulement ſes propres héritages, la totalité des
meubles & conquêts demeurent
au mari, lequel les retenant demeure chargé de payer toutes leſdites dettes.

ARTICLE XXX.

Le Seigneur bas Juſticier prend
ſur la confiſcation appartenant
au Seigneur haut Juſticier ſoixante ſols tournois d'amende.

ARTICLE XXXI.

Batards peuvent acquerir, garder & retenir tous biens meubles

ou immeubles , ſoit en Fief ou
Cenſive , & d'iceux diſpoſer à
leur volonté , tant par contrats
faits entre vifs, que par teſtament
& derniere volonté.

ARTICLE XXXII.

Et ſi leſdits bâtards ont des enfans en loyal mariage , leſdits enfans leur ſuccedent , & pareillement ils ſuccedent à leurſdits enfans ès meubles & conquêts immeubles ſeulement. Et ſi leſdits
enfans n'ont deſcendans ou colla-
teraux , leſdits peres bâtards leur
ſuccedent aux propres , à l'exclu-
ſion du fiſqué. Et conſéquemment
les enfans deſdits enfans , & les
freres ou couſins ſuccedent les uns
aux autres.

ARTICLE XXXIII.

Enfans nés hors mariage ſont
reputés légitimes , par le ſubſe-
quent mariage de leurs pere &
mere , & leur ſuccedent tout ainſi

que s'ils étoient nés en mariage.

ARTICLE. XXXIV.

Un bâtard ne peut succeder , s'il n'est légitimé par le Roi, ou par subséquent mariage , sinon à sesdits enfans comme dit est.

ARTICLE XXXV.

Franche & libére personne se peut avoüer bourgeois du Roi , de la Bourgeoisie, Prevôté & ressort d'Auxerre , en faisant ses devoirs de Bourgeoisie & les solemnités en tel cas requises.

ARTICLE XXXVI.

Le quel Bourgeois au moyen de sa Bourgeoisie peut décliner Cour & Jurisdiction de tous Seigneurs subalternes en tous cas & délits. Excepté en cas de présent méfait , & en cas commis , trois mois avant ladite Bourgeoisie obtenuë.

ARTICLE XXXVII.

Peut auſſi ledit Bourgeois decliner Cour deſdits Seigneurs ſu-
balternes, en toutes cauſes per-
ſonnelles, actions, queſtions &
querelles mûes contre lui.

ARTICLE XXXVIII.

Mais quant aux droits Seigneuriaux dudit Seigneur, & en action
réelle, à cauſe d'héritages & ſuc-
ceſſions aſſis en la Seigneurie dudit Seigneur ou Seigneurs , leſdits Bourgeois ne ſont exemts
d'icelui Seigneur ou Seigneurs.
Ainſi répondront pardevant les
Juges où leſdits droits ſont dûs
& leſdits héritages aſſis.

ARTICLE XXXIX.

Si aucun deſdits Bourgeois con-
teſte en cauſe , il ne ſe peut , après
ladite conteſtation , avoüer Bourgeois du Roi en ladite cauſe.

ARTICLE XL.

Si par aucuns demeurans en la Seigneurie d'un Seigneur font dûës aucunes dettes audit Bourgeois, ledit Bourgeois, fous ombre de fa Bourgeoifie, ne peut faire convenir les débiteurs ailleurs que par-devant leur Juge domiciliaire.

ARTICLE XLI.

Quand aucun comme Bourgeois du Roi decline Cour ou Jurifdiction du Seigneur fubalterne touchant aucune caufe ou aucun cas, dont le Juge fait difficulté s'il en doit connoître ou non, il eft permis au Juge d'afligner jour aux Parties par-devant leur Juge Royal ; pour , par icelui Juge Royal décider & determiner s'il connoîtra de ladite caufe ou s'il la renvoyera pardevant ledit Juge fubalterne.

TITRE II.
DE FIEFS.

ARTICLE XLII.

LE Seigneur féodal quarante jours après le trépas de son Vaſ-ſal peut mettre & appoſer ſa main feodale en la Terre renuë de lui en Fief ; & tiendra ladite Terre en ſa main , & en fera les fruits ſiens juſques à ce qu'il ait homme.

ARTICLE XLIII.

Et ne fera tenu ledit Seigneur feodal de recevoir aucun en foi & hommage par Procureur , ſi bon ne lui ſemble , poſé que celui qui eſt Procureur ait expreſſe & ſpeciale puiſſance de reprendre & d'entrer en foi & hommage & faire tous ſermens de fidelité , s'il n'y a juſte & légitime excuſe , ou cause raisonnable , pour laquelle ledit. Seigneur feodal le doive recevoir.

ARTICLE XLIV.

Si le Vassal ou celui qui doit reprendre ledit Fief ne trouve son Seigneur au Lieu ou Seigneurie dont saditte Terre est mouvante , ou personne qui ait puissance de recevoir les vassaux ; après qu'il aura appellé ledit Seigneur & enquis s'il y a aucun qui ait puissance de le recevoir , & il ne trouve personne qui en ait puissance , se peut ledit Vassal transporter au Château , ou à la porte du Lieu principal dont est mouvant ledit Fief , pour faire ses offres & ses devoirs , tout ainsi qu'il feroit & devroit faire , s'il étoit devant le Seigneur feodal. Et fera les protestations en tel cas requises , baisera le verrou de la serrure de l'huis , ou quelque autre chose de laditte porte ou lieu. Ou (s'il n'y en a) fera autre déclaration & foumiffion de fidelité. Après lefquelles chofes ainfi faites, fi ledit Seigneur féodal leve les fruits de la Terre pour laquelle lefdits devoirs auront été faits , il fera tenu de les reftituer & joüira ledit Vaffal dudit Fief.

Article XLV.

Sera tenu ledit Vaffal délaiffer au Procureur, Receveur ou Fermier dudit Seigneur , acte de fa préfentation , foi & hommage , ou, au défaut defdits Procureurs , Receveur ou Fermier, au prochain voifin.

Article XLVI.

Le Vaffal ayant fait fes offres & devoir tel que deffus , fe peut dire faifi de fon Fief, tant à l'encontre de fon Seigneur que de tous autres.

Article XLVII.

Si pendant la main-mife du

Seigneur féodal celui qui prétend droit au Fief y entre, reçoit les fruits & enfraint ladite main-mise, le Fief ne tombe en commise ; mais il est amendable envers ledit Seigneur féodal, & si est le Vassal tenu rendre audit Seigneur féodal tous les fruits qu'il en aura reçu depuis l'infraction de ladite main-mise avant que le Seigneur féodal soit tenu le recevoir.

Article XLVIII.

Peut aussi le Seigneur féodal, par sa Justice, contraindre les gens d'Eglise, Confrairies, Communautés & autres gens de main-morte, qui de nouvel au profit de leurs Eglises, Confrairies ou Communautés auront acquis aucunes Terres ou Seigneuries tenuës en Fief, à les mettre hors de leurs mains dans l'an & jour, à peine de les appliquer au domaine dudit Seigneur féodal. Et fera faite ladite contrainte dans l'an & jour que ladite acquifition fera venuë à fa connoiffance : autrement ne pourra demander que fon indemnité. Et après l'an & jour paffés, fera contre eux procedé par déclaration de ladite peine , par faute d'avoir obéi , finon que lefdits gens d'Eglife , Confrairies , Communautés , ou autres gens de main-morte euffent joüi dudit Fief par plus de quarante-ans.

ARTICLE XLIX.

Si aucune Terre ou Seigneurie tenuë en Fief eft venduë , il eft loifible audit Seigneur féodal de l'avoir pour le prix par retenuë & puiffance de Fief, fi l'acheteur n'a eu fouffrance du Seigneur , ou s'il n'en a été reçu en foi & hommage , ou que ledit Seigneur féodal n'ait reçu tout ou partie du quint denier , ou que l'acheteur ne foit lignager , du côté & ligne dont meut ledit acquêt , ou qu'il n'y ait autre lignager qui le vueille avoir par retrait , dedans le tems de retrait. Et est tenu ledit Seigneur féodal dans quarante jours après la notification de l'acquisition faite par celui qui lui a presenté la foi , de déclarer s'il entend user de son droit de retenuë : & s'il déclare qu'il veut avoir ladite retenuë, dans quarante jours après il fera le remboursement du sort principal , & des frais & loyaux coûts qui se trouveront liquides ; autrement , le tems passé , il sera privé dudit droit de retenuë , pour cette fois.

ARTICLE L.

Après que le Seigneur féodal a reçu son Vassal en foi & hommage , il peut enjoindre audit Vassal qu'il lui baille dans quarante jours son dénombrement & déclaration de son Fief. Et si dans ledit tems il ne le fait , ledit Seigneur

gneur féodal peut mettre & appoſer audit Fief, & ſera levé &
exploité par ſes mains. Et ne fera
pas les fruits ſiens dudit Fief durant la main-miſe, mais quand
ledit Vaſſal aura baillé ſon dénombrement en forme dûë, les
fruits échûs durant ladite main-
miſe appartiendront audit Vaſſal
en payant les ſalaires, vacations
& impenſes raiſonnables faites audit Fief par le Seigneur féodal ou
ſes Officiers.

Article LI.

Tant que le Seigneur féodal
dort, le Vaſſal veille, & au contraire quand le Seigneur veille,
le Vaſſal dort : c'eſt-à-dire que
le Seigneur féodal fait les fruits
ſiens après la ſaiſie juſques à ce
qu'il ait homme & Vaſſal, auparavant laquelle ſaiſie ledit Seigneur féodal n'acquiert & ne peut
avoir leſdits fruits.

C

Article LII.

Si les enfans ou héritiers qui
fuccedent à leur Seigneurie mouvant du Fief d'un Seigneur, font
partage & divifion entre eux dudit Fief, ledit partage ne préju-
diciera en rien audit Seigneur
féodal. Mais chacun d'eux repren-
dra dudit Seigneur pour fa part
& portion qui fera avenuë par ledit partage. Et ne fouffrira ledit
Seigneur, fi bon ne lui femble,
de faire fon plein Fief arriére-
Fief.

Article LIII.

En fucceffion des Fiefs, le fils
aîné prend pour fon droit d'aînef-
fe le manoir principal, baffe-
cour, foffés & jardin, jufques
à l'étenduë d'un arpent & au def-
fous pour ledit jardin ; & outre
un arpent de terre à l'entour &
joignant lefdits manoir, baffe-
cour foffés & jardin. Et fi outre

ledit jardin y avoit quelque parc,
clos de vigne, verger ou garenne
fermés de muraille, hayes, pal-
lissades ou fossés, pour l'embel-
lissement, décoration & commo-
dité dudit principal manoir, le
peut prendre ; ensemble le sur-
plus dudit jardin, où ledit jardin contiendroit plus d'un arpent,
en recompensant ses cohéritiers
en héritages de la succession ou
en deniers en défaut d'autres héritages d'icelle succession.

Article LIV.

Et où dedans lesdits manoir,
fossés, basse-cour, jardin ou arpent y a moulin, pressoirs, ou
fours bannaux, les corps desdits
moulin, pressoirs ou fours bannaux appartiennent audit aîné ;
mais le profit de ladite banna-
lité se partit comme les autres
choses parties noblement, & aura
ledit fils aîné le nom, cri, & pleines armes de la maison.

Article LV.

Et si en chacune des successions des Pere & Mere y a Fiefs, ledit fils aîné ne pourra prendre droit d'aînesse, qu'en l'une desdites successions à son choix & option ; tellement que si par la mort de l'un de sesdits pere & mere, il prend son droit d'aînesse en la succession du decedé, durant la vie de l'autre, pourra néanmoins après le decès dudit survivant prendre son droit d'aînesse au Fief dudit dernier decedé, en se déportant du droit d'aînesse qu'il avoit premiérement pris.

Article LVI.

La fille du fils aîné en la succession de ses ayeuls ou ayeulles ne represente son pere au droit d'aînesse quand elle a oncles, ainsi appartient ledit droit au plus aîné desdits oncles.

ARTICLE LVII.

Toutefois si ladite fille n'avoit que tantes, elle representera sondit pere audit droit d'aînesse.

ARTICLE LVIII.

Entre filles succedant en pareil degré n'y a droit d'aînesse , soit en ligne directe ou collaterale.

ARTICLE LIX.

En succession collaterale n'y a droit d'aînesse , ainsi succedent les mâles & femelles étant en pareil degré au Fief , par égale portion.

ARTICLE LX.

Le Vassal peut constituer rente perpétuelle sur son Fief , sans le consentement du Seigneur féodal, lequel toutefois pourra exploiter ledit Fief à pure perte, sans charge de ladite rente , sinon qu'elle fût infeodée.

ARTICLE LXI.

Quand un Fief est vendu , l'acheteur est tenu de payer le quint denier au Seigneur féodal , qui est de cent livres , vingt livres du plus , plus , du moins , moins. Et par faute de payer ledit quint denier, ledit Seigneur peut exploiter ledit Fief & faire les fruits siens , jusques à ce qu'il soit payé de son quint denier.

ARTICLE LXII.

L'héritier en ligne directe du Vassal qui en son vivant a fait ses devoirs de fidelité , ne doit au Seigneur féodal que la bouche & les mains, & s'il est héritier en ligne collaterale , il doit faire trois offres à son Seigneur féodal , à sçavoir le revenu d'une année dudit Fief, le dit de deux prud'hommes , ou une somme de deniers pour une fois, au choix dudit Seigneur , lequel sera tenu de déclarer son choix dans quarante jours.

Article LXIII.

Quand l'acquereur du Fief vient par devers le Seigneur féodal pour être reçu en foi & hommage , il est tenu outre ses offres de montrer audit Seigneur ses Lettres d'acquisition , si ledit Seigneur le requiert & demande à voir : & pareillement y est tenu l'héritier dudit acquereur , s'il ne montre que son prédecesseur ait été autrefois reçu en foi & hommage. Ou que sondit prédecesseur & lui en ayent joüi par l'espace de trente ans paisiblement.

Article LXIV.

Le Seigneur féodal tenant le Fief de son Vassal en sa main , sera tenu l'entretenir comme un bon pere de famille. Et s'il y a bois en coupe ou étangs en pê-che, il pourra faire couper lesdits bois, & pêcher lesdits étangs, le

Vassal present ou appellé. Toutefois ladite coupe ou pêche ne demeurera entiérement audit Seigneur féodal, mais sera évaluée & estimée, & n'en aura qu'au prorata d'une année, eu égard au tems que lesdits bois ou étangs auroient été respectivement coupés ou pêchés. Et si pourra lever les emblures des terres emblavées par le Vassal trépassé, & le tout appliqué à son profit, en payant les frais & semences seulement. Et si les terres étoient baillées à ferme, & le fermier les eût labourées, le Seigneur féodal prendra la moison de ladite année, au prix de la ferme seulement.

ARTICLE LXV.

Le Seigneur auquel avient de nouveau un Fief ou Seigneurie par succession, acquisition, ou autrement, peut faire proclamer signifier à tous ses Vassaux qu'ils lui viennent faire la foi &

hommage, dans quarante jours.
Et si dans ledit tems lesdits Vassaux ne se presentent, il peut
faire saisir & exploiter en pure
perte leurs Fiefs mouvans de lui,
pourvû toutefois que ladite pu-
blication & signification soient
dûment faites : sçavoir quant aux
Fiefs mouvans des Barronnies &
Châtellenies par proclamation à
son de trompe & cri public, par
trois dimanches, & à jour de marché, si aucun y a ; & quant aux
autres Fiefs, par signification faite au Vassal, à sa personne, ou
au lieu du Fief servant, s'il y a
manoir ; ou à celui qui tient &
exploite ledit Fief, si aucun y a ;
sinon au Prône de l'Eglise parroif-
fialle dudit Lieu, au jour de Dimanche, & par affiche.

Article LXVI.

L'ancien Vassal ne doit à son
nouveau Seigneur que la bouche
& les mains, & sans aucun profit.

ARTICLE LXVII.

Le Seigneur féodal ayant saisi par faute d'homme, droits & devoirs non faits & payés, le Fief mouvant de lui en plein Fief, peut exploiter tous les Fiefs mouvans dudit Fief saisi, en cas d'ouverture d'iceux, & non autrement.

ARTICLE LXVIII.

Pour non vouloir par le Vassal faire foi & hommage à son Seigneur féodal, & aussi ne lui vouloir bailler dénombrement, le Fief ne chet en commise.

ARTICLE LXIX.

Le Vassal qui sciemment fait aveu, & reprend d'autre Seigneur que celui qu'il sçait être son Seigneur féodal, commet son Fief, tout ainsi que si sciemment il denioit ledit Fief.

ARTICLE LXX.

Si aucune Terre tenuë en Fief
eſt donnée, cedée, & tranſpor-
tée à autrui, ſoit par donation
faite entre vifs, ou par teſtament
eſt dû relief au Seigneur féodal.

ARTICLE LXXI.

Pour partage de Fiefs n'eſt dû
relief, ſoit en ligne directe ou
collaterale.

ARTICLE LXXII.

Si un Seigneur tient une Terre
en plein Fief du Roi ou d'autre
Seigneur, & de ladite Terre ſoit
tenu un autre Fief, qui eſt par
ce moyen arriere-Fief du Roi, &
ledit Seigneur acquiert ledit arriere-Fief, qui eſt mouvant de ſon
plein Fief, il convient qu'il tien-
ne ledit arriere-Fief en plein Fief
du Roi, & qu'il le baille en ſon
aveu comme plein Fief, ou qu'il
le mette hors de ſa main, pour

avoir homme comme devant.

ARTICLE LXXIII.

Si de la vente & achat d'un Fief les vendeurs & acheteurs se départent dans vingt-quatre heures après icelle vendition , & avant la prise de possession réelle & actuelle n'ont aucune joüissance ni perception des fruits d'icelui , n'est dû pour ce le quint denier ou autre profit au Seigneur féodal.

ARTICLE LXXIV.

Le Fief ou y a haute Justice , moyenne & basse vacant par faute d'héritiers ou confisqué , appartiendra au Seigneur dont il est mouvant. Et si audit Fief n'y a haute Justice , appartiendra au Seigneur haut Justicier du Lieu ou ledit Fief sera assis , lequel haut Justicier audit cas demeurera Vassal dudit Seigneur féodal.

ART.

Article LXXV.

Et où ledit Fief pour l'un des cas fufdits aviendra au Roi, ledit Seigneur vuidera fes mains dans l'an & jour, à compter du jour qu'il lui fera échù, ou fera bailler homme vivant & mourant audit Seigneur féodal, pour étre payé de fes profits de Fief & indemnité.

Article LXXVI.

La fille à qui le Fief eft avenu par fucceffion directe, ne doit aucun relief ou profit de Fief, hors que depuis ledit Fief à elle échù elle fe marie, ou que lors de l'échoite d'icelui elle fût mariée, & ne doit, elle ou fon mari, que la bouche & les mains.

Article LXXVII.

Le Seigneur féodal ne peut prefcrire le Fief de fon Vaffal, ni le Vaffal la foi de fon Seigneur, par quelque laps de tems que ce foit, fût-ce de cent ans & plus.

ARTICLE LXXVIII.

Pour douaire conftitué ou échû n'eft dû relief, & femblablement par les tuteurs & curateurs pendant la minorité de leurs mineurs vaffaux, à caufe de leur tutelle & curatelle, durant laquelle le Seigneur féodal eft tenu bailler fouffrance qui équivalle à foi tant qu'elle dure.

ARTICLE LXXIX.

Si pere ou mere, ayeul ou ayeulle, ou l'un d'eux donnent à leurs enfans par mariage, ou autrement, aucune Terre tenue en Fief d'aucun Seigneur féodal, ils ne doivent relief audit Seigneur, ni autre profit que la bouche & les mains.

ARTICLE LXXX.

Pour Fief échangé fans fraude

& faute de denier, n'eſt dû quint
denier au Seigneur ; mais ſeulement le relief, & ne le peut ledit Seigneur retirer par puiſſance
de Fief.

Article LXXXI.

Quand le Fief du Vaſſal eſt
ſaiſi par faute d'homme, droits
& devoirs non faits, & payés,
par autre Seigneur que le Roi,
& où il s'oppoſe, par ce qu'il ne
ſçait ſon Fief être tenu de celui
qui l'a ſaiſi, ledit Vaſſal ne ſera
tenu avouer, ou deſavouer ledit
ſaiſiſſant, s'il affirme par ſerment
qu'il ne ſçait & n'a connoiſſance,
par lettres ou autrement, de quel
Seigneur ſon Fief eſt tenu ; ſinon
que celui qui lui a fait ladite ſaiſie
l'ait premiérement informé &
fait apparoir, comme il tient ledit Fief de lui. Et ne l'ayant fait,
& le Vaſſal ayant denié de tenir
ledit Fief de lui, aura main-levée d'icelui, ſans danger de com-

mife. Mais ou le Roi feroit tel empéchement, il faudroit avouer ou défavouer, fans attendre aucune information.

ARTICLE LXXXII.

Si le Vaſſal baille ſon Fief à cens ou rente, encore qu'elle ſoit perpetuelle, retenus à lui les foi & hommage, il n'eſt dû aucun profit. Mais quand il y aura ouverture de Fief, le Seigneur féodal exploitera ſondit Fief ſans avoir égard au bail qui aura été fait par ſondit Vaſſal.

TITRE III.
DES CENSIVES
ET DROITS SEIGNEURIAUX,

ARTICLE LXXXIII.

LOts & ventes & l'amende pour contrats recelés se doivent pourfuivre par action. Et n'y a main garnie, s'il n'eft auffi ordonné par le Juge les parties oüies.

ARTICLE LXXXIV.

Le Seigneur cenfier n'a aucun droit de veft ou deveft, & n'eft de neceffité que l'acheteur foit enfaifiné par le Seigneur cenfier ; mais peut de fon autorité prendre poffeffion de l'héritage à lui vendu.

ARTICLE LXXXV.

En échange fait but à but a lots

qui eſt de deux ſols tournois pour
une fois , pour tout ledit contrat ,
& n'en ſont duës ventes ; mais
s'il y a ſoultes , ſont dûs lots &
ventes pour leſdites ſoultes.

ARTICLE LXXXVI.

Pour héritage donné par amour
ou affection du donateur envers
le donataire eſt dû lots ſeulement,
qui eſt de deux ſols tournois,com-
me dit eſt.

ARTICLE LXXXVII.

En héritage baillé à planter ,
meliorer ou édifier, à moitié ou
autre part du très fond,n'y a vente
ni retrait ; ainſi eſt dû lots ſeulement tel que deſſus.

ARTICLE LXXXVIII.

Pour bail d'héritage à rente
rachetable ne ſont dûs lots ni
ventes. Mais ſi la rente eſt rachetée , lors en ſeront dûs pour
le rachat , lequel celui qui l'a-

chete eſt tenu faire ſignifier au
Seigneur , dans quarante jours
après icelui, à peine de ſoixante
ſols tournois d'amende.

ARTICLE LXXXIX.

Si aucun baille ou tranſporte ſon
héritage à rente perpétuelle ſans
rachat, le Seigneur cenſier n'en
prendra lots ni ventes ; mais ſi
depuis le preneur revend ledit
héritage , chargé de ladite rente ,
ledit Seigneur cenſier aura les lots
& ventes de ladite vendition.

ARTICLE XC.

Si les vendeur & acheteur d'un
héritage chargé de cenſive, après
que ladite vente eſt accordée , ſe
départent de leur conſentement
du marché dans vingt-quatre heures, n'y a lots, ventes, ni amendes , encore que les Lettres de
vendition ayent été paſſées.

ARTICLE XCI.

Celui qui de nouveau achete

héritage en la censive d'un Seigneur censier est tenu de montrer audit Seigneur ses Lettres,
si aucunes ont été passées, ou de
l'informer du titre & maniére de
ladite acquisition, quand il en
sera requis par ledit Seigneur dans
les quarante jours : & ce fait, ne
sera plus tenu lui exiber ses Lettres d'acquisition, lui ayant payé
les lots & ventes.

ARTICLE XCII.

Si ledit proprietaire veut laiſ-
ser l'héritage pour le cens, &
renoncer à icelui, faire le peut,
en payant les arrérages dûs du
tems qu'il aura tenu ledit héritage, & le délaissant sans démolition, pourvû que ce ne soit le
preneur, ou son héritier.

ARTICLE XCIII.

Si ledit proprietaire renonce
& delaisse audit Seigneur censier
l'héritage pour les cens, icelui

Seigneur censier pourra tenir l'héritage comme sien, ou le pourra vendre, & en faire son profit: & n'y aura rien en ce cas le haut Justicier.

ARTICLE XCIV.

Et au semblable, si l'héritage est chargé de rente, & delaissé au Seigneur rentier, par faute de payer ladite rente, sans bourse delier, n'en seront dûs lots ni ventes.

ARTICLE XCV.

Si un héritage censuel assis en la Terre d'un haut Justier qui ne soit Seigneur censier, est vacant, & que d'icelui n'y ait aucun détempteur, ledit Seigneur haut Justicier le peut bailler & transporter à qui bon lui semble, à la charge de ladite censive & des autres droits censuels pour ce dûs audit Seigneur censier. Et ne pourra ledit Seigneur haut Justicier, en baillant ledit héritage, mettre cens sur cens, combien qu'il le puisse bailler à rente, ou argent, pour une fois. Et sera la Terre declarée vacante, quand elle demeurera dix ans sans détempteur entre âgés & non privilegiés.

Article XCVI.

Si le haut Justicier vend un héritage vacant, assis en sa haute Justice, & hors de sa censive, à la charge de ladite censive envers le Seigneur censier, ledit Seigneur censier aura les lots & ventes de ladite vente, ès lieux ou ils sont dûs.

Article XCVII.

Pour partage de succession n'est dû profit au Seigneur censier, s'il n'y a soulte d'argent, ou soulte mobiliaire, autre que de la succession faite sans fraude, auquel cas sont dûs lots & ventes, jusques à la concurrence de ladite soulte.

ARTICLE XCVIII.

Cens sur cens ne vaut, tellement que l'héritage chargé de censive ne peut être chargé d'autre censive, portant profits dûs par la Coutume : & est le second cens tenu & reputé rente.

ARTICLE XCIX.

Si aucun vend son héritage tenu en censive, moyennant & sous faculté de remeré, à un, deux, trois ans, ou autre tems, le Seigneur censier prendra les lots & ventes de ladite vendition, incontinent la vente faite. Mais si ledit vendeur rachete ledit héritage dans ledit tems, il n'y a lots ni ventes pour ledit rachat. Toute-fois si la faculté dudit rachat avoit été donnée quelque tems après ladite vendition, en ce cas le Seigneur censier aura les lots & ventes dudit rachat, comme si ledit héritage avoit été vendu de nouveau.

TITRE IV.
DE SERVITUDES.

ARTICLE C.

VUës & égoûts fur héritage d'autrui, par quelque tems qu'ils ayent été tenus ne portent faifie : & ne fe peuvent acquerir lefdits droits fans titre, encore que ladite joüiffance fût centenaire, ou plus.

ARTICLE CI.

Chacun peut élever fon édifice tout droit fur la place, à plomb & à ligne, fi haut que bon lui femble, & contraindre fon voifin de retirer chevrons, & toutes autres chofes qu'il trouvera portant fur fa place, par quelque laps de tems que ce foit, fût-ce de cent ans, ou plus.

ART.

Article CII.

Aucun n'eſt contraint clorre ou fermer ſon héritage, s'il ne veut : toutefois ſi d'ancienneté il y a eu mur ou clôture mitoyenne entre deux voiſins, & elle chet & va en ruine, l'un peut contraindre l'autre à contribuer à la réparation ou ſoutenement d'icelle, ainſi qu'elle étoit auparavant, ou à renoncer à la communauté de ladite clôture, qui en ce cas demeurera propre à celui qui l'aura reparée ou édifiée.

Article CIII.

Corbaux mis d'ancienneté, apparans audeſſus de terre, d'une part & d'autre du mur, font démontrance que le mur eſt mitoyen, entre deux voiſins, s'il n'appert du contraire.

Article CIV.

Quant aux pants & cloiſons

E

de bois, ils ne feront tenus & réputés mitoyens, s'ils ne font affis
fur le milieu de la feulle qui fait
le pant, & que l'épailleur de ladite feulle paffe autant d'un côté
que d'autre.

ARTICLE CV.

Qui fait édifice, doit faire fes
vûës regardant fur l'héritage d'autrui au rez de terre de huit pieds
de hauteur par étage d'enbas. Et
quant aux étages hauts de fept
pieds de hauteur, au rez du plancher ; & avec ce, mettre ès fe-
nétres & ouvertures defdites vûës
barres de fer, & verres dormans,
placqués & arrétés, de forte qu'on
n'y puiffe paffer, ni regarder.

ARTICLE CVI.

Toutes murailles & cloifons
étant dans les villes fermées de
ladite Coutume, feront commu-
nes aux voifins d'icelles ; en
payant toutefois par ceux qui ne

les auront faites ni bâties, ni aidé
à faire ou bâtir, à celui qui les
aura fait faire, ou à les ayant
cause, la moitié de la façon &
frais de ladite muraille ou cloison, & la moitié du fonds d'icelle,
quand ils s'en voudront aider:
pourvû que lesdites muraille ou
cloison soient suffisantes, pour
soutenir lesdits bâtimens.

Article CVII.

Et où entre places de maisons,
cours, jardins ou autres dans lesdites villes n'y aura muraille ou
cloison, & l'un d'eux voudra bâtir
en clerre, il pourra prendre également & raisonnablement terre sur
lui & son voisin pour le faire en
fond commun. Et quand celui qui
n'aura bâti voudra bâtir ou s'aider
de ladite muraille ou cloison, il
sera tenu rembourser le premier
bâtisseur des frais de l'autre moitié au prorata de ce dont il se voudra aider.

E ij

Article CVIII.

Quand égoût chet sur l'héritage d'autrui, soit qu'il tombe sur terre ou autrement, celui à qui est ledit égoût peut être contraint d'ôter & soutenir son eau, posé que celui à qui est ledit héritage ne veuille édifier en la place où chet ledit égoût.

Article CIX.

On ne peut faire four en son héritage contre l'édifice de son voisin, s'il n'y a deux pieds de muraille d'épaisseur entre deux, outre le mur mitoyen.

Article CX.

On ne peut faire chambres coies, latrines, cloacques ni fossés de cuisine auprès du mur de son voisin, ou du mitoyen, s'il n'y a épaisseur d'un pied & demi outre ledit mur mitoyen.

Article CXI.

En mur mitoyen le premier qui affied fes cheminées ne peut être contraint par l'autre les ôter ni reculer ; pourvû que le premier affiégeant laiffe la moitié du mur , & une chantille pour contrefeu de fon côté.

Article CXII.

En mur mitoyen chacune des parties peut percer tout outre ledit mur, pour mettre & affeoir fes poutres, folives, ou autre bois , en rebouchant incontinent la rupture & pertuis qu'il auroit fait audit mur ; fauf que dans la muraille de la cheminée on ne pourra encrer bois.

Article CXIII.

Et au regard des lancieres, jambes de cheminées & cimaifes , le voifin les pourra percer tout outre ledit mur, pour y affeoir lef-

dites lancieres & cimaises à fleur
dudit mur, à la charge de les réparer à chaux & fable.

ARTICLE CXIV.

Paſſer par l'héritage d'autrui
n'attribuë droit de poſſeſſion de
faiſie, s'il n'y a titre : & fans titre
on ni peut preſcrire par quelque
laps de tems que ce foit, fût-ce de
cent ans ou plus.

ARTICLE CXV.

Le jet d'un foſſé étant entre deux
héritages, démontre que le foſſé
eſt & appartient à celui du côté
duquel eſt ledit jet, & lui appartient ledit foſſé ; & le foſſé à deux
ets eſt reputé commun.

ARTICLE CXVI.

Quand en maiſon ou place,
appartenant à pluſieurs par indivis, convient bâtir ou réparer
entre pluſieurs perſonnes, à l'un
deſquels appartient le bas, & à

l'autre le deſſus, celui à qui appartient le bas eſt tenu faire & entretenir tout le tour du bas de muraille, pant ou cloiſon, tellement
que le haut ſe puiſſe porter deſſus , & eſt tenu faire le plancher
deſſus lui, de poutres, ſolives ,
& torchis. Et celui qui a le deſſus , eſt tenu autant en faire en
haut , & tellement carreler & entretenir , après la premiere façon, le plancher ſur quoi il mar-
che , que celui de deſſous n'en
ſouffre dommage : & ainſi en avant
s'il y a pluſieurs étages ou cena-
cles. Et en tous cas , celui ou ceux
auſquels le dernier étage appartiendra, feront tenus de faire &
entretenir la couverture & autant
de la vis & montée ; & s'ils font
pluſieurs auſquels le haut appartient audeſſus du premier étage ,
ils contribueront.

ARTICLE CXVII.

Pour façonner , emblaver ou

déblaver héritages entrelacés en héritages d'autour , le Seigneur propriétaire peut prendre paſſage au plus proche du chemin & au moins domageable , ſans pour ce acquerir droit de ſaiſie ou poſſeſſion. Et ſi le paſſant romp haye, perche , ou peſſeau , ou remplit le foſſé , il ſera tenu réparer ſur le champ. Et ſera le propriétaire ou poſſeſſeur cru du dommage à ſon ſimple ſerment juſques à cinq ſols tournois , & audeſſous ſauf à en demander & prouver davantage.

TITRE V.

DE RENTES

ET CRIÉES.

ARTICLE CXVIII.

SI aucun baille sa maison ou autre héritage à rente fonciere perpétuelle, ou à vie, il peut pour ladite rente & arrérages échûs faire prendre & saisir l'héritage, ensemble les meubles y étant & loüages & fruits d'icelle. Et demeurera la main garnie pour lesdits arrérages, s'il appert des Lettres de bail où obligation personnelle.

ARTICLE CXIX.

Pour arrérages de rentes constituées à prix d'argent on ne peut proceder par exécution contre un tiers detempteur, s'il n'a été condamné ou qu'il n'ait paſſé déclaration d'hipotéque.

Article CXX.

Rentes conſtituées à prix d'argent ſont réputées immeubles. Neanmoins pour la conſtitution ou rachat d'icelles ne ſont dûs lots, ni ventes, ni profits Seigneuriaux.

Article CXXI.

La femme eſt tenuë de la rente conſtituée à prix d'argent par ſon mari juſqu'à la concurrence du profit qu'elle prend en la communauté.

Article CXXII.

Si aucun héritage chargé de rente fonciere demeure ſans détempteur, celui à qui eſt dûë ladite rente ne ſe peut mettre en icelui, ſans autorité de Juſtice. Mais bien après avoir preſenté requête au Juge, il ſe pourra, pour la conſervation de ſa rente, mettre en icelui héritage : laquelle rente ne fera pour ce confule, fi après le détempteur apparoît , ayant le créancier de ladite rente fait fes proteftations au cas pertinentes , à la charge toutefois que les fruits qu'il aura perçûs audit héritage , deduits les frais qu'il aura faits , tiendront lieu audit détempteur , fur les arrérages de ladite rente , qui fe trouveront être dûs. Et fi dans dix ans le détempteur revient , ledit créancier fera tenu lui rendre ledit héritage, lui payant les méliorations fans deduction des levées qui demeureront audit créancier.

Article CXXIII.

S'il n'y a aucun déptempteur d'un héritage chargé de rente , celui à qui eft dûë ladite rente peut faire bailler curateur audit héritage , & contre lui obtenir déclaration d'hypotheque : & ce fait , fera crier & fubhafter ledit

héritage au lieu de la Paroisse où
il est assis par trois quatorzaines
& une quarte d'abondant, lesquelles quatorzaines échoiront
de Dimanche en Dimanche, issuë
de Grand-Messe ou Vêpres par-
roissiaux : & icelles parfaites,
sera assigné jour audit curateur,
pour voir ledit héritage adjuger
par decret au plus offrant & dernier enchericheur, à la charge de
la rente. Et si aucun en faisant
lesdites criées met à prix ledit
héritage, & soit trouvé le dernier encherisseur, il sera ajourné
pour apporter les deniers aus-
quels il aura encheri ledit héritage ; & aux opposans, si aucuns y en a, sera assigné jour pour
dire les causes de leur opposition.
Et seront lesdites solemnités gardées & observées en toutes exe-
cutions de criées d'héritages.

ARTICLE CXXIV.

S'il y a aucun qui s'oppose à
aucunes

aucunes criées d'héritages , le Sergent qui fera lesdites criées fera
élire domicile à l'opposant , au
lieu où se font lesdites criées , s'il
est étranger ; & icelles criées parfaites , assignera jour audit opposant au lieu où le domicile aura
été élû : & si aucun s'oppose par
Procureur demeurant audit Lieu,
fera ledit jour assigné à la personne dudit Procureur opposant.

ARTICLE CXXV.

Si les quatorzaines des criées
d'héritages que l'on fait crier &
subhaster ne sont faites aux propres jours qu'échéent lesdites
quatorzaines , mais y a six ou
huit jours ou plus de continuation , pour tant ne sont lesdites
criées defectueuses , ne les convient recommencer ; & si lesdites
quatorzaines n'étoient entieres ,
& que le Sergent , faisant lesdites
criées , eût anticipé , en ce cas
conviendra recommencer icelles
criées. F

Article CXXVI.

En matiere de criées d'héritages, le Sergent doit appeller deux
témoins du moins à chacune criée,
autrement l'exploit feroit nul.

Article CXXVII.

S'il y a deux rentiers fur une
maifon ou autre héritage qui foit
en main de Juftice, le fecond
rentier n'y prendra rien jufqu'à
ce que le premier rentier foit
payé de fa rente & arrérages. Mais
s'il y a détempteur dudit héritage, le fecond rentier pourra contraindre le détempteur à le payer
ou renoncer ledit héritage. Et
pourra icelui fecond rentier faire
crier & mettre à prix ledit héritage, à la charge du premier rentier, pour la confervation de fa
rente & arrérages.

Article CXXVIII.

Si une maifon ou autre héritage

est garnie de biens ou de fruits,
tellement que pour la rente &
arrérages on puisse gager en ladite
maison ou héritage, ou que le
détempteur ne defaille à payer
chacun an le créancier, icelui
créancier ne peut faire crier ladite
maison ou héritage, ni contraindre ledit détempteur à laisser ladite maison pour ladite rente.

ARTICLE CXXIX.

Meubles n'ont point de suite
par hipotéque, si ce n'est pour
loüages de maisons, où que par
fraude ils ayent été mis hors de
la puissance du débiteur.

ARTICLE CXXX.

Si plusieurs créanciers, pour arrérages de rentes où dettes personnelles, font en même jour saisir
les meubles de leur débiteur, tous
ensemble viendront par déconfi-
ture à contribution au sols la livre
sans aucune prérogative, si ce

n'eft pour dettes privilégiées ,
comme pour le loüage de la maifon où auront été trouvés lefdits
meubles , ou pour la marchandife
qui fe trouvera en nature , ayant
été venduë fans jour & terme ,
laquelle le vendeur pourra arrêter & pourfuivre en quelque lieu
qu'elle ait été tranfportée.

ARTICLE CXXXI.

Tiers détempteurs chargés de
cenfives ou rentes font tenus per-
fonnellement de payer lefdites
cenfives , rentes , & arrérages qui
écherront après & depuis le tems
qu'ils auront été fommés , & dûëment certiorés par les créanciers
defdites rentes ou cenfives & tant
qu'ils en feront détempteurs ,
après lefdites fommations. Mais
quant aux arrérages precedens ,
ils en feront quittes , en renonçant aufdits héritages , de la dé-
terioration defquels avenuë pendant la détention , ils feront per-
fonnellement tenus.

ARTICLE CXXXII.

Si une perſonne vend & conſti-
tue rente ſur ſon héritage bon qui
ſera par même obligation & conſtitution ſpecialement affecté &
hypotequé au payement de ladite
rente , & après il revend ledit
héritage à autre perſonne , à la
charge de ladite rente , ou ſans
charge d'icelle , le créancier ſe
pourra adreſſer au tiers détempteur, ou à ſes héritiers, ſi bon lui
ſemble , pour avoir déclaration
d'hypotéque de ladite rente à lui
conſtituée,& payement des arrérages qui en ſeront dûs ſelon la nature d'icelle , ſans faire diſcution
requiſe de droit ſur le conſti-
tuant , laquelle déclaration d'hypotéque s'executera à l'encontre
dudit tiers détempteur , tant qu'il
ſera détempteur dudit tiers héritage ſpecialement hypotéqué.

ARTICLE CXXXIII.

Si aucun vend rente fur tous fes héritages, par hypotéque gé-nérale feulement, le vendeur prefent, vivant & folvable, fera premier contraint payer ladite rente, & les arrérages que de-vroit ou pourroit devoir le tiers détempteur. Et tant que le ren-tier pourra être payé dudit ven-deur, il ne pourra contraindre le tiers détempteur à payer ou laiffer l'héritage. Mais le rentier, pour intetrompre la prefcription, fe pourra adreffer contre le tiers détempteur, pour avoir déclara-tion d'hypotéque au tems avenir.

TITRE VI.

DE CONTRATS

ET CONVENTIONS.

ARTICLE CXXXIV.

POur rendre un contrat autentique, est requis qu'il soit reçu par deux Notaires, ou par un Notaire avec deux témoins instrumentaires mâles, & non domestiques dudit Notaire. Lequel sera tenu mettre audit contrat, les noms, qualités, & demeurances desdits témoins.

ARTICLE CXXXV.

Si aucun prend maison ou terres à loüage, ferme ou moison à plusieurs années, il n'est tenu d'appleger & cautionner son marché, s'il n'a été ainsi convenu. Mais s'il défaut à payer la pre-

miere année, quinze jours après
fommation à lui faite , à commencer du terme de la ladite année entiere échû , le bailleur dudit héritage l'en pourra mettre
dehors , finon qu'il applege les
fubfequentes années , s'il veut
continuer fa prife.

Article CXXXVI.

En vendition de chofe mobiliaire n'a lieu récifion de contrat,
par déception d'autre moitié de
prix.

Article CXXXVII.

Le grand doit répondre par devant le Juge où la chofe eft faite
contentieufe , pour laquelle il eft
appellé , & ne peut decliner par-
devant fon Juge ordinaire ; &
s'il eft refufant , eft tenu de tous
les dommages & intérêts.

Article CXXXVIII.

Délivrance de marchandife mo-

bilaire arguë payement, si le vendeur ne fait apparoir de promesse,
ou ne se rapporte de la dette au
serment de celui qui a eu la marchandise.

Article CXXXIX.

Salaires de manouvriers, vigne-
rons & gens de bras ne se peuvent
demander après quinze jours passés s'ils ne font apparoir de créan-
ce ou promesse de payer.

Article CXL.

Loüages de maisons se payent
à deux termes, sçavoir, saint Jean
Baptiste, & Noël, s'il n'y a convenance au contraire.

Article CXLI.

Le vendeur de vins n'est tenu
de les garder plus de vingt jours ;
à compter du jour de l'achat &
prix arrêté, s'il ne lui plaît. Et si
l'achepteur ne les leve dedans lesdits vingt jours, il perd ses arrhes

fi aucunes en a baillées : & peut
le vendeur , fans autre fommation , le revendre à l'autre , fi bon
lui femble ; fauf néanmoins fon
recours pour fes dommages & in-
téréts , tant à l'encontre du marchand , que du courratier , & chacun d'eux feul , & pour le tout.

ARTICLE CXLII.

Et après ledit vin vendu bien &
dûëment rempli pour une fois , en
la prefence du marchand , ou du
courratier , facteur ou commis ,
ne fera tenu le vendeur y four-
nir par après , ni bailler autre
remplage , ni femblablement l'entretenir de reliage , ni autre chofe
neceffaire à la confervation d'icelui , après qu'il aura été marqué ,
mais demeurera dès lors au péril
& fortune du marchand achepteur , fuppofé qu'il foit encore
en la cave & poffeffion du vendeur.

ARTICLE CXLIII.

Le marchand ou courratier juré ne peut renoncer au marché qu'il a fait avec le vendeur de vins, finon qu'il fe trouvât qu'en marquant le vin acheté, il y eut du vin vicié, ou qu'il ne fuivît en cuvée la piece de vin goutée & vûë en faifant ledit marché.

ARTICLE CXLIV.

Aucun ne peut vendre vin renouvellé, finon qu'il le déclare au marchand & courratier, fur peine de confifcation dudit vin, & de l'amende.

ARTICLE CXLV.

Nul fera tenu prendre courratier de vin, fi bon ne lui femble, foit en la ville ou aillieurs.

ARTICLE CXLVI.

Tellement qu'il eft loifible à l'acheteur s'adreffer à qui bon lui

semblera , pour faire l'essai &
achat du vin. Sans toutefois que
celui à qui l'acheteur se sera
adressé , s'il n'est courratier juré ,
puisse exiger aucun salaire du
vendeur , ni autre.

Article CXLVII.

Le courratier est tenu de laisser
au vendeur un billet , contenant
l'achat dudit vin , signé de lui , &
daté du jour de la vente.

Article CXLVIII.

Nul ne peut faire cuvée de vin
amassé aux étapes ; mais doit laisser ledit vin, ainsi qu'il l'a acheté ,
par le menu : s'il fait le contraire ,
le vin sera confisqué.

Article CXLIX.

Qui loüe maisons à une ou plusieurs années , si après icelles passées il ne s'en départ, & il s'y
tient sans nouveau marché , &
entre en l'année , ou terme premier ,

mier, il sera tenu payer le premier terme & autres suivans, tant
qu'il y demeurera , & entrera esdits termes, au prix qu'il l'aura
tenu la derniere année preceden-
te. Et en ce cas, ne pourra le locateur en mettre hors le conducteur , durant chacun desdits termes , s'il ne lui dénonce qu'il se
pourvoye,& departe quinze jours
devant ledit terme échû. Et aussi
est tenu le conducteur , s'il s'en
veut départir le dénoncer au locateur , quinze jours devant le
terme échû, & à la fin d'iceux apporter les clefs de la maison qui
sera loüée.

Article CL.

Pour chose baillée en dépôt &
gage non rendu ne peut le déposi-
taire obtenir Lettres de répit,soit
à un ou cinq ans , ni faire cession
de biens : ni semblablement pour
dettes d'enfans mineurs , louage
de maisons , bail d'heritages à

moifon , ou ferme , cens ou rente fonciere , vente de vins , dette procedant de délit ou malefice ,
de chofe adjugée par Sentence ou
Jugement contradictoire, ou donnée du confentement de Partie.

Article CLI.

Un vendeur de chevaux n'eft
tenu des vices d'iceux ; excepté
de morve , poulfe , ou courba-
ture , finon qu'il les ait vendus
fains & nets ; auquel cas il eft
tenu de tous vices apparans , &
non apparans.

Article CLII.

Le conducteur peut déduire &
rabbatre par fes mains fur les
louages à fon locateur , les réparations neceffaires faites & à faire , en la maifon, en laquelle il
demeure. Pourvu que ledit locateur , fommé & interpellé , ait
été refufant de les faire.

ARTICLE CLIII.

Le locateur peut proceder par voïe d'arrhes & tranfport de biens contre le conducteur, hors qu'il foit clerc, ou homme d'Eglife.

TITRE VII.
DU RETRAIT LIGNAGER.

ARTICLE CLIV.

QUand aucun vend, aliéne ou tranfporte par contrat de vente ou équipolent à vente fon propre héritage ou autre chofe immobiliaire à lui avenuë par fucceffion & hoirie de fes parens, à perfonne étrange de la ligne & fouche dont lui font avenus lefdits héritages ou chofes immobiliaires, il eft loifible aux parens de la ligne & fouche dont ledit héritage eft venu & échû au vendeur, faire ajourner l'acheteur étranger dans l'an & jour du contrat de la vente, & contre lui requerir ledit héritage ou chofe immobiliaire lui être adjugés par retrait lignager, en rembourfant le fort principal que ledit acheteur aura payé & baillé frais & loyaux coûts, & faifant offres à découvert dudit fort principal, au jour de l'affignation & expedition de la caufe, & eft telle demande recevable, & fera l'acheteur condamné à l'en laiffer joüir, avec dépens, s'il en eft refufant.

ARTICLE CLV.

Faut & fuffit offrir or & argent découvert & à parfaire le fort principal, frais & loyaux coûts, à l'expedition de la caufe.

ARTICLE CLVI.

Et feront tenus les acheteurs & vendeurs, s'ils en font requis, d'affirmer par ferment le prix de

la vente, & l'acheteur exiber ses
lettres d'icelle vente. Et femblablement le retrayant lignager affirmer fi le retrait fe fait pour
lui fans fraude.

Article CLVII.

Et doit être l'ajournement libellé à cette fin, & fait dans l'an
& jour de ladite vente à quarante
jours en fuivant, ou plutôt, &
fera tel ajournement valable, fuppofé que l'affignation échée hors
l'an & jour. Et fi l'affignation
donnée dans l'an & jour écheant
hors l'an, eft donnée à plus long
jour defdits quarante jours, eft
le demandeur non recevable.

Article CLVIII.

Et fi l'acheteur a payé aucuns
lots, ventes ou quint denier, ou
fait aucunes réparations néceffaires ès chofes par lui achetées, le
retrayeur fera tenu de le rembourfer.

ARTICLE CLIX.

En échange fait but à but n'y a retrait, mais l'héritage échangé sortit nature de celui qui a été baillé. Et s'il y a soulte, y aura retrait selon la portion de la soulte. Toutefois si ledit héritage échangé étoit racheté dans l'an & jour de la vente, tel échange sera reputé vendition, & par ce moyen sujet à retrait.

ARTICLE CLX.

Aucun pendant l'an & jour ne peut empirer l'héritage qui chet en retrait, par pêcher étangs, abbattre arbres ou bois, ni prendre fruits en autre tems que le tems accoûtumé. Et s'il le fait, il est tenu de les restituer, avec les dommages & intérêts qui lui doivent être rabbatus sur le sort principal.

Article CLXI.

En vente de rente conftituée à prix d'argent n'y a retrait.

Article CLXII.

L'héritage donné en mariage par pere ou mere, foit de leur propre ou conquêt, à l'un de leurs enfans, eft fait propre audit enfant ; & chet en retrait aufdits pere & mere, & leurs fucceffeurs, s'il eft vendu par icelui enfant. Et fi ledit héritage eft donné pour être conquêt aux deux conjoints, & depuis il eft par eux vendu, il y a retrait pour la portion appartenant audit enfant, en faveur duquel la donation auroit été faite.

Article CLXIII.

Le retrayant lignager eft preferé au Seigneur qui veut avoir la chofe par retrait féodal.

ARTICLE CLXIV.

Héritage propre baillé à rente racheptable à perſonne étrange, eſt ſujet à retrait.

ARTICLE CLXV.

Héritage propre baillé à rente perpetuelle ne tombe en retrait : mais ſi ladite rente fonciere eſt vendue, elle tombe & chet en retrait.

ARTICLE CLXVI.

Si partage faiſant entre pluſieurs, de biens communs ou ſucceſſifs à aucuns d'iceux échet héritage qui ne ſoit de ſon eſtoc, côté & ligne : néanmoins ledit heritage ſera ſujet à retrait lignager pour le regard de ceux qui feront du côté & ligne de celui auquel il ſera avenu.

ARTICLE CLXVII.

En vente d'heritages propres

adjugés par decret y a retrait dans l'an & jour, à compter du jour de la délivrance & sceel d'icelui.

ARTICLE CLXVIII.

L'acheteur est tenu rendre au retrayeur les fruits échûs en l'heritage depuis les derniers consignés, en le remboursant des semences, labourages, & autres frais nécessaires faits pour la cueillette desdits fruits : & les fruits levés auparavant ladite consignation, demeureront à l'acheteur.

ARTICLE CLXIX.

Si aucun achete un heritage chéant en retrait, & il le revend dans l'an sans fraude à autre qui soit du lignage & branche, il n'y a retrait. Pourvû qu'il n'y ait ajournement auparavant ladite vente.

ARTICLE CLXX.

Si un bâtard légitimé vend son

heritage à lui avenu de son propre, depuis qu'il est légitimé, il
chet en retrait.

Article CLXXI.

En heritages échangés contre
biens meubles y a retrait.

Article CLXXII.

Si aucuns achete heritage de
son parent procedant de son côté,
& il le revend à personne étrange, il y a retrait, & le peut retraire le premier vendeur.

Article CLXXIII.

Celui des parens qui premier
fait ses diligences pour avoir par
retrait l'heritage ou chose vendue
par son lignager, est preferé à
tous autres, encore qu'ils soient
plus prochains, Toutefois s'ils
étoient concurrens en ajournement & en pareil degré, ils viendront également audit retrait, &
partiront l'heritage ensemble, en

payant chacun la part du pur fort , frais & loyaux coûts. Sans avoir égard à la priorité de l'heure de l'ajournement dudit jour ; & où plufieurs parens fe trouveroient concurrens en ajournement de même jour , & que l'un d'eux fût plus proche , il emportera feul ledit héritage par droit de retrait.

Article CLXXIV.

Si l'étranger ou autre acheteur, après l'acquifition par lui faite, pour éviter le retrait ou autrement, s'abfente de la châtellenie où l'héritage eft affis, on le peut faire ajourner en fon domicile , fi aucun en a, ou à la perfonne de fon Procureur, ou Entremetteur de fes affaires, fi aucun il en a en la châtellenie ; finon à haute voix, iffue de la Grande-Meffe ou Vêpres à jour de Fête , ou par affiches, tant à la porte de l'Eglife que de l'Auditoire dudit Lieu. Et après deux defauts ob-

tenus, & la demande dûement ve-
rifiée, l'héritage dont est ques-
tion sera adjugé au lignager, qui
sera tenu consigner en main bour-
geoise par Ordonnance de Justice
l'argent de l'acquisition, s'il en
apert, & offrir de parfaire. Et
sera l'argent baillé à l'acheteur
s'il revient; sinon à ses héritiers,
ou autres qu'il appartiendra.

Article CLXXV.

Si aucun achete héritage à
payer à plusieurs termes, le retrayeur aura lesdits termes, mais
il doit bailler bonne & suffisante
caution audit vendeur de payer
ausdits termes; car le vendeur ne
changera son débiteur, s'il ne lui
plaît, & si le retrayeur ne le fait,
il ne sera reçu s'il ne baille argent ou gage à l'acheteur ou
vendeur.

Article CLXXVI.

L'héritage propre vendu par
executeur

executeur de teſtament eſt re-
trayable par les parens lignagers
du décedé.

Article CLXXVII.

L'action de retrait ſe doit in-
tenter contre l'acheteur , & ſi l'héritage eſt revendu avant l'ajournement de retrait , on ſe peut
adreſſer au detempteur , ou au
premier acheteur.

Article CLXXVIII.

Si l'héritage eſt revendu par le
premier acheteur , le retrayant ne
ſera tenu payer plus grande ſomme , que celle de la premiere ac-
quiſition , avec les frais & loyaux
coûts d'icelle.

Article CLXXIX.

Si aucun achete héritage pour
le prix de dix livres ou autre ſomme , & il fait mettre aux Lettres
autre plus grande ſomme , & affirme par ſerment avoir autant

coûté, & le retrayeur prouve le contraire, ledit acheteur perdra ses deniers qui seront appliqués au Seigneur en la Justice duquel le procès de retrait est intenté, & sera adjugé l'héritage au retrayeur sans payer aucuns coûts;& si paye- ra l'acheteur les dépens de l'Inf- tance.

ARTICLE CLXXX.

En héritage baillé en payement ou récompense d'aucune somme y a retrait.

ARTICLE CLXXXI.

Si le mari & femme étant en communauté de meubles & con- quêts, ou l'un d'eux achetent ou retrayent héritage étant du pro- pre de l'un d'eux, & icelui héri- tage se trouve ès biens de la com- munauté lors de la dissolution d'i- celle, icelui héritage sera & de- meurera du côté dont procede le retrait, en rendant à celui d'eux qui n'est lignager ou à ses hoirs la moitié du prix, méliorations & loyaux couts qui en ont été baillés dans l'an & jour après le decès de l'un desdits mariés. Et si l'héritage acheté par le mari qui provient néanmoins de l'estoc de sa femme est vendu, les parens dont meut l'héritage le pourront avoir par retrait ; & toutefois s'il y a des enfans dudit defunt, ils auront six mois pour pouvoir retirer & retraire ladite portion dans lesquels ne pourront être prevenus par les autres parens. Et si l'un desdits enfans avoit seul retiré ladite portion, il sera néanmoins tenu la communiquer à ses autres freres & sœurs, s'ils le demandent dans l'an & jour du decès, en le remboursant chacun de sa portion ; mais lesdits six mois passés, lesdits enfans & autres parens le pourront demander jusqu'à la fin de l'an & jour du decès. Et en ce cas, qui préviendra &

H ij

fera le premier diligence par ajournement libellé, fera préferé.

Article CLXXXII.

Pour retrait lignager tant en héritage cenfuel que féodal, n'y a aucun profit de lots & ventes, ni de Fief.

Article CLXXXIII.

Si l'ajourné en retrait lignager à la premiere journée & expédition de la caufe exibe fes Lettres d'achat, affirme le contenu d'icelles être vrai, & confent le retrait, & fuivant le confentement y ait adjudication, le pourfuivant fera tenu de payer & rembourfer l'acheteur des deniers du fort principal dans vingt-quatre heures, autrement les vingt-quatre heures paffées, le retrayant dechet du retrait.

Article CLXXXIV.

Et fi l'appellé en retrait dilaye

ou empêche outre la premiere journée, aura le retrayant, s'il eſt de la
Juriſdiction où ſera le procès en
retrait intenté, huitaine, à compter
du jour de la ſignification faite
de la Sentence & adjudication,
pour payer & rembourſer ledit
ſort. Et s'il n'en eſt, aura outre
ladite huitaine, tems à la diſcré-
tion & arbitrage du Juge, après
le retrait adjugé; & quant aux
frais, loyaux coûts & réparations
néceſſaires, le retrayant aura
trois jours pour les payer après la
taxe & liquidation d'iceux.

Article CLXXXV.

L'an du retrait lignager commence à courir du jour du contrat de vente, ſuppoſé qu'il y eut
faculté de remeré.

TITRE VIII.
DE PRESCRIPTIONS.

ARTICLE CLXXXVI.

FOi & hommage d'héritages nobles, cens d'héritages roturiers, ne se peuvent prescrire par ceux qui les doivent contre les Seigneurs féodaux & censiers, sinon du jour du desaveu, & contradiction légitimement faite. Mais les profits des choses des susdites se peuvent prescrire par trente ans.

ARTICLE CLXXXVII.

Le tiers détempteur d'un héritage chargé de rente soit fonciere ou constituée à prix d'argent, ne peut prescrire ladite rente, tant que l'obligé à ladite rente ou son héritier aura payé.

ARTICLE CLXXXVIII.

Quand aucun a joui d'un héritage , droit réel ou incorporel , ayant cause continuelle à juste titre & de bonne foi par dix ans entre presens , & vingt ans entre absens , ou par trente ans sans titre , tel héritage ou autre droit est acquis par prescription , entre âgés & non privilegiés.

ARTICLE CLXXXIX.

Le profit de l'indemnité pour héritages amortis tenu par gens d'Eglise ou de main-morte , se peut prescrire par trente ans.

TITRE IX.

DE COMMUNAUTE'

DE BIENS.

ARTICLE CXC.

Homme & femme conjoints par mariage sont communs en tous biens meubles, & en toutes dettes mobiliaires & personnelles, tant actives que passives faites & contractées durant leur mariage & auparavant icelui. Et aussi en conquêts immeubles faits par eux, ou l'un d'eux, durant & constant leurdit mariage.

ARTICLE CXCI.

Et supposé que la femme n'ait contracté, neanmois les créanciers se peuvent adresser par voye de simple action à l'encontre d'elle, ou ses héritiers, après la mort du mari pour moitié de la dette. Et au pareil, peut la femme agir pour moitié de ce qui feroit dû à fon mari, encore qu'elle ne fût dénommée en l'obligation.

Article CXCII.

La femme peut dans quarante jours après le trépas de fon mari venu à fa connoiffance, renoncer à la communauté, qu'elle avoit avec fon mari. Et en ce faifant demeurera quitte des dettes par lui crées, efquelles elle n'a prété confentement exprès : Sinon toutefois qu'elle eût fait acte approbatif de ladite communauté. Et de femblable rénonciation pourra ufer l'héritier de ladite femme.

Article CXCIII.

Et doit ladite femme en perfonne, ou par Procureur dûment fondé faire icelle renonciation en Jugement, par-devant le Juge du domicie, si elle y est : sinon par devant le Juge ordinaire du lieu où elle sera, dont un mois après doit être raporté l'acte de renonciation par devant ledit Juge du domicile de ladite femme, l'héritier du défunt appellé s'il est en la Province.

ARTICLE CXCIV.

Le mari durant & constant le mariage a le gouvernement & administration des biens meubles, acquêts & conquêts immeubles faits constant ledit mariage, ensemble des fruits des propres héritages de sa femme, & en peut disposer entre vifs, ledit mariage durant, sans le consentement de sa femme. Mais de la proprieté desdits héritages, propres acquêts de sadite femme faits auparavant ledit mariage, il n'en peut disposer sans le consentement de ladite femme.

Article CXCV.

En succession ou partage de biens communs, fruits pendans par les racines, & terres ensemencées, seront tenus & reputés meubles incontinent après les semences faites, & ès vignes, du seiziéme Mai. Et seront les communs ou ayant droit esdits fruits, tenus contribuer aux frais pour la culture, ou collection d'iceux.

Article CXCVI.

Au mari appartient la poursuite des actions personnelles & possessoires, pour raison des héritages propres de sa femme.

Article CXCVII.

Si l'un des deux mariés a vendu son propre heritage, & des deniers d'icelle vente achete autre heritage, ledit heritage est tenu & reputé conquêt, s'il n'est expressement dit & protesté en faisant ladite premiere vendition & achat que lesdits deniers soient pour employer en autre héritage, qui sortira pareille nature & condition que l'héritage vendu, ou que l'autre desdits mariés le consente, sans fraude.

Article CXCVIII.

Si l'homme vend l'héritage de sa femme, & en faisant ladite vendition & auparavant icelle il lui promet la récompenser, ou lui acheter autant d'héritage, telle promesse vaut. Mais si long tems après il faisoit ladite promesse, il ne préjudicie en rien à ses héritiers.

Article CXCIX.

Si l'un des conjoints par mariage, durant le mariage décharge son héritage de la rente dont il étoit chargé, telle rente demeure confuse & éteinte tant que le mariage dure. Mais après la

mort

mort de celui à qui l'héritage étoit propre, le survivant aura la moitié de ladite rente. Toutefois celui à qui compete ledit héritage pourra icelle acquitter dans l'an, si elle est fonciere, en remboursant la moitié de l'argent, ensemble la moitié des arrérages, échûs depuis le trépas.

ARTICLE CC.

Le legs fait par homme ou femme conjoints par mariage, ou autre personne étant en communauté de biens, doit être payé sur la part & portion de celui qui l'aura fait, sans diminution de la portion du survivant.

ARTICLE CCI.

Quand aucuns usans de leurs droits vivent ensemble à commun pot & dépense par an & jour, ils sont reputés uns & communs en tous biens meubles & conquêts faits depuis la société contractée, s'il n'apert du contraire , par protestation ou autrement.

ARTICLE CCII.

Les enfans de famille demeurant avec leur pere & mere, freres ou autres parens, & aussi serviteurs & autres personnes nourries par amour, affection, pitié, ou pour service, ne peuvent acquerir droit de communauté avec pere, mere ou autres personnes qui les nourrissent & entretiennent par quelque laps de tems qu'ils y demeurent ; s'il n'y a expresse convention sur ce fait.

ARTICLE CCIII.

Si l'un des deux ayant aucune chose commune par indivis s'en sert ou en use, il n'est tenu d'en faire aucun profit ou émolument à l'autre, s'il n'est interpellé en faire partage ou profit.

ARTICLE CCIV.

Si l'un des conjoints par ma-

riage tient & poſſede les biens de
ſes enfans par an & jour après le
decès du premier decedé, ſans en
faire inventaire, ou partage &
diviſion, ou autre choſe équipol-
lent dérogeant à communauté,
leſdits enfans peuvent demander
par continuation, communauté
de tous les biens meubles & acquêts faits depuis le mariage commencé ; ſi mieux n'aiment demander la ſucceſſion du defunt pere ou
mere par eſtimation commune,
s'il n'y a titre ou convenance au
contraire.

Article CCV.

Et ſi le ſurvivant ſe remarie
ſans faire leſdits inventaire, ou
partage & diviſion à ſes enfans ou
heritiers, comme dit eſt, tous
les biens demeurent communs, &
d'iceux feront faits trois parts,
dont le remarié aura l'une, les enfans ou héritiers du premier lit
l'autre, & le ſecond mari ou fem-

me l'autre tierce partie. Supposé
que l'un d'eux ait assez ou peu ap-
porté. Et encore est-il en l'election desdits enfans ou héritiers de
demander la portion de leurdit
prédecesseur, ou valeur d'icelle,
par commune estimation au tems
du trépas.

Article CCVI.

Quand une personne ayant enfans se remarie à autre personne,
qui a aussi enfans, lesquels demeurent avec eux en compagnie,
& ils apportent aucune chose en
la compagnie de pere ou de mere,
la compagnie se fait en quatre
parts, si que chacune maniere
d'enfans emporte un quart; & le
pere & la mere chacun un quart.

Article CCVII.

Femme mariée est sous la puissance de son mari; de sorte qu'elle
ne peut ester en jugement, ni faire
contrats entre vifs, soit au préju-

dice d'elle , ou de son mari , si ce n'est de l'autorité de sondit mari , ou qu'elle soit marchande publique pour le fait de sa marchandise seulement.

TITRE X.

DE DOUAIRES.

ARTICLE CCVIII.

LA femme après le trépas de son mari est douée par douaire coutumier de la moitié des héritages de son mari desquels il étoit seigneur & possesseur au jour qu'il l'épousa , & de ceux qui pendant le mariage lui sont échûs & avenus par succession de pere ou mere, ayeul ou ayeulle ou autre directe ascendant ; pour joüir par ladite femme de ladite moitié comme douairiere , & en prendre & percevoir les fruits , profits , revenus & émolumens durant ſa vie.

ARTICLE CCIX.

Douaire coutumier n'aura lieu quand il y aura communauté de tous biens meubles propres, acquêts & conquêts immeubles.

ARTICLE. CCX.

Douaire prefix ou conventionnel eſt douaire conſtitué & ordonné à la femme en faiſant le traité de mariage, en ſomme de deniers pour une fois, rente ou héritage particulier à ſa vie. Et à. lieu ledit douaire prefix, ou conventionnel, ſelon les traités & convenances qui ſur ce ſont faits au traité de mariage.

ARTICLE CCXI.

Femme après le trépas de ſon mari eſt ſaiſie du douaire, ſoit coûtumier ou prefix, tellement qu'elle peut former complainte

en matiere de faifie & de nouvelleté, & autres actions poffeffoi-
res, pour raifon d'icelui, fi le cas
y échet.

Article CCXII.

Douaire prefix conftitué par le
mari ayant héritage propre, ne
peut exceder le coutumier : & s'il
l'excede, il fera réduit audit coutumier. Et fi le mari n'a héritage
propre, le prefix aura lieu de quelque valeur qu'il foit.

Article CCXIII.

Femme douée du doüaire prefix
ne peut demander le coutumier,
finon que le choix & option lui
foient accordés par le traité de
mariage.

Article CCXIV.

Femme douée par douaire prefix
de fomme de deniers ou autre chofe mobiliaire pour une fois, après
le decès de fon mari, emporte le-

dit douaire à elle & aux siens à toujours en pleine propriété & usufruit.

Article CCXV.

Tous douaires soit coutumiers ou prefix sont viagers, & demeurent éteints & expirés par la mort des douairieres, sinon qu'ils soient constitués en deniers pour une fois, ou autre chose mobiliaire, ainsi que dit est.

Article CCXVI.

La douairiere sera tenue supporter les charges réelles & foncieres dûes sur les héritages auparavant la constitution d'icelui douaire. Et aussi les maintenir, & entretenir, ainsi qu'une bonne usufruitiere doit faire, & bailler caution de restituer selon la forme de droit.

TITRE XI.

DE DONATIONS.

ARTICLE CCXVII.

Donner & retenir ne vaut, c'est-à-dire, quand celui qui donne se reserve la faculté de pouvoir disposer de la chose donnée, ou bien quand celui qui donne ne se défaisi actuellement de la chose par lui donnée, par tradition réelle, ou par cause translative de possession, comme constitut, retention d'usufruit, precaire, ou autre.

ARTICLE CCXVIII.

Qui est âgé suffisamment, peut par donation entre vif disposer de tous ses biens à son plaisir, réservé la légitime où elle y échet; mais si au tems de la donation le

donateur étoit malade de maladie
dont il décedât dans quarante
jours après ladite donation, elle
sera réputée teſtamentaire, & pour
cauſe de mort. Et pourra être
revoquée dans leſdits quarante
jours, & non après.

Article CCXIX.

Donation faite par pere ou mere
à l'un ou pluſieurs de leurs enfans,
de la totalité ou grande partie de
leurs biens, ne doit tenir au préjudice des autres enfans. Combien que le donataire fût chargé de
nourrir pere, mere, ou l'un d'eux:
ſinon que telle donation fut faite
par le traité de mariage, auquel
cas, elle vaudra, moyennant que
la légitime ſoit réſervée aux autres enfans.

Article CCXX.

Toutefois ſi telle donation avoit
été faite à l'un deſdits enfans à la
charge de nourrir pere ou mere:

& les autres enfans fommés de
contribuer a ladite nourriture ,
auroient été refufans ou dilayans
de ce faire , telle donation vau-
droit au profit dudit enfant qui
fe chargeroit de faire ladite nourriture.

ARTICLE CCXXI.

Donation faite entre vif par
femme mariée fans l'autorité de
fon mari , ne vaut au préjudice
d'elle ni de fon mari.

ARTICLE CCXXII.

L'homme & femme mariés en-
femble étant en bonne fanté ,
égaux en âge , & non ayans enfans de leur mariage ou d'autre ,
peuvent par donation mutuelle ,
pareille & égale entre vif , donner l'un à l'autre au furvivant tous
leurs biens , meubles , acquéts &
conquéts immeubles , fait conf-
tant leur mariage. En les prenant
par le furvivant , par inventaire

& appréciation, pour en joüir fa
vie durant feulement & en baillant caution fuffifante, à la charge
d'accomplir le teftament du decedé, & payer les dettes fur la
part & portion de l'héritier, en
tant qu'à lui touche : aufli d'entretenir les héritages, & payer les
cens & rentes & autres Droits
Seigneuriaux, defquels lefdits héritages feront chargés. Et eft l'âge
reputé égal quand l'un n'excede
l'autre de plus de quinze ans ; &
toutes donations autrement faites entre mari & femme ne va-
lent.

ARTICLE CCXXIII.

Eft ledit furvivant faifi des
chofes à lui données pour inten-
ter complainte & actions poffef-
foires, tant contre les héritiers du
decedé, que tous autres.

ARTICLE CCXXIV.

Donation d'héritage faite par
pere

pere ou mere, ayeul ou ayeulle, en faveur de mariage ou autrement à leurs enfans, sortit nature de propre. Toutefois si le donataire va de vie à trépas, sans hoirs de son corps, la chose donnée retourne au donateur, ou à ses heritiers.

TITRE XII.
DE TESTAMENS
ET EXECUTION D'ICEUX.

ARTICLE CCXXV.

Toute personne franche & libre, & âgée suffisamment, à sçavoir le mâle de vingt ans, & la femelle de dix-huit ans accomplis, peut faire testament & par icelui disposer à son plaisir de tous ses biens meubles & acquêts immeubles, & de la cinquiéme partie de ses propres héritages.

K.

ARTICLE CCXXVI.

Avant que le teſtament ſoit reputé ſolemnel & valable, eſt requis que ledit teſtament ſoit écrit & ſigné de la main dudit teſtateur, ou bien par lui dicté ou nommé en preſence de deux Notaires, ou d'un Notaire & deux témoins, ou du Curé de l'Egliſe parroiſſialle, ou ſon Vicaire général, en preſence de deux témoins, & que ledit teſtament ſoit relû au teſtateur, dont en ſera fait mention audit teſtament. Et ſera le nom du Vicaire général inſinué au Greffe du Bailliage d'Auxerre, auquel ſera tenu laiſſer ſon nom & ſignature écrit de ſa main.

ARTICLE CCXXVII.

Inſtitution d'héritier n'eſt neceſſaire, tellement que par faute d'icelle le teſtament n'eſt reputé moins ſolemnel ou moins valable; vaudra telle inſtitution par

forme de legs teſtamentaire, juſqu'à la conеurrence de ce dont le
teſtateur eût pû diſpoſer par la
Coutume.

ARTICLE CCXXVIII.

Homme & femme mariés en-
ſemble, ne peuvent par diſpoſi-
tion teſtamentaire faire dons, legs
ou aucun avantage l'un à l'autre
directement ou indirectement.

ARTICLE CCXXIX.

Aucun ne peut être héritier &
légataire enſemble : toutefois eſt
loiſible à celui qui peut être héritier accepter & prendre comme
perſonne étrange le legs à lui fait
en délaiſſant l'hérédité & ſucceſſion du défunt, & y renonçant
dans quarante jours après.

ARTICLE CCXXX.

Aucun ne peut par ſon teſtament
avantager l'un plus que l'autre de
ſes héritiers, venant à ſa ſuc-

ceſſion, en leur prélegant, ou au-trement.

Article CCXXXI.

Les légataires ne peuvent de leur autorité prendre les choſes à eux leguées, ni eux en dire ſaiſis. Mais il faut qu'elles leur ſoient baillées & délivrées par l'éxécuteur du teſtament, ou héritiers du teſtateur, ſans leſquels héritiers appeller ne ſe peut faire la délivrance des immeubles légués par ledit teſtament.

Article CCXXXII.

Exécuteurs de teſtamens ſont ſaiſis après le décès du teſtateur, des meubles & immeubles pour l'accompliſſement du teſtament, & juſqu'à la concurrence d'icelui durant l'an & jour de l'éxécution. Toutefois ils doivent prendre les biens par Juſtice, & ſous l'inventaire, l'héritier ou héritiers appellés, s'ils ſont demeurant au

Lieu, sinon le Procureur du Roi, ou des Seigneurs du Lieu de la demeurance du testateur present.

Article CCXXXIII.

Et ne seront lesdits héritiers reçus à demander delivrance des biens dudit testateur, en baillant caution d'accomplir ledit testament; mais bien en baillant ou delaissant ausdits executeurs argent ou biens exploitables & suffisans pour ledit testament accomplir, & payer les dettes. Quoi faisant pourront avoir main-levée du residu.

Article CCXXXIV.

Lesdits executeurs sont tenus dans l'an & jour payer les legs testamentaires & dettes du testateur, claires & reconnuës par lettres & loyaux enseignemens, l'héritier ou héritiers premierement sommés, par les executeurs, & refusans de prendre la cause pour

eux , & leur administrer deffen-
ces & preuves pour empêcher ledit payement: & en ce faisant leur
seront comptés & alloüés les frais
desdites poursuites & sommations,
en la reddition de leurs comptes.

ARTICLE CCXXXV.

Les executeuts , sans le sçû &
consentement des héritiers , peuvent dans l'an de l'execution recevoir les dettes actives du defunt, dont les brevets, obligations,
cedules leur auront été baillés par
inventaire & non autres.

ARTICLE CCXXXVI.

Après l'an & jour de la saisie,
& execution commencée, les executeurs sont tenus de rendre compte & reliqua de leur execution , &
y peuvent être contraints par
Justice.

ARTICLE CCXXXVII.

Le mari par son testament ou
ordonnance de derniere volonté,

ne peut difpofer des meubles &
conquêts immeubles , communs
entre lui & fa femme , au preju-
dice d'icelle , ni de la moitié en
iceux , qui peut appartenir à ladite femme , avenant le trépas de
fondit mari.

ARTICLE CCXXXVIII.

Femme mariée âgée fuffifamment comme deffus peut tefter ,
fans autorité de fon mari.

TITRE XIII.

DE SUCCESSIONS
ET RAPPORTS.

ARTICLE CCXXXIX.

LE mort faifit le vif fon plus
prochain héritier habile à lui fucceder en biens meubles ou immeubles , foit en ligne directe ou
collaterale.

ARTICLE CCXL.

Quand il y a freres, sœurs ou parens proches en pareil degré habiles à succeder, dont aucuns sont du côté du pere & mere, & les autres seulement du côté du pere ou mere, il succedent par têtes en tous biens meubles & conquêts du défunt, & en prenant autant l'un que l'autre. Nonobstant que les aucuns d'eux ne soient que d'un côté. Et quant aux héritages propres, ils ensuivent le tronc & ligne du pere & mere, & autres leurs ascendans, desquels ils sont venus & issus.

ARTICLE CCXLI.

Pere & mere, ayeul & ayeulle succedent ès biens meubles & acquêts immeubles de leurs enfans, & enfans de leurs enfans decedés sans hoirs de leurs corps, & semblablement en ce qu'ils leur auroient donné par traité de mariage, en faveur d'icelui en avancement d'hoirie, ou autrement, soit en héritage ou deniers à eux donnés, pour sortir nature de propre. Et quant aux autres propres qui seroient avenus à leursdits enfans & enfans de leurs enfans, ils appartiendront aux freres & sœurs & autres collatéraux plus prochains desdits enfans, étant de l'estoc, côté & ligne dont seroient procédés lesdits propres.

Article CCXLII.

Pareillement, si l'oncle, tante, cousin, cousine ou autre parent collatéral donne à ses neveux cousins, ou autres parens aucun immeuble, & lesdits donataires décédent sans hoirs de leurs corps ou avoir disposé desdites choses données, lesdits donateurs où leurs enfans succéderont devant tous ausdits donataires ainsi décédés , en ce qu'ils auront donné : combien que lesdits défunts ayent délaissé parens plus prochains.

Article CCXLIII.

Si aucun va de vie à trépas sans hoirs de son corps ayant oncles , tantes , neveux , niéces cousins & cousines germains , lesdits neveux & niéces précédent lesdits oncles & tantes en tous biens meubles & acquêts immeubles ; & aussi aux propres procédans de leur estoc , côté & ligne : & s'il n'y a neveux ou niéces lesdits oncles & tantes précédent semblablement lesdits cousins & cousines germains.

Article CCXLIV.

Pere , mere & autres ascendans peuvent donner à leurs fils ou autres descendans ce qu'il leur plaît en traité de mariage non autrement , la légitime réservée , à quoi le donataire se pourra tenir ,

en renonçant à la fucceſſion du
donateur , mais s'il veut fucceder , fera tenu le rapporter , à
fçavoir la moitié en la fucceſſion
du pere , & l'autre moitié en la
fucceſſion de la mere , & ainſi des
autres afcendans : toutefois ſi le
don étoit fait du propre de l'un
d'iceux , il fera entierement rapporté à la fucceſſion du donateur.

Article CCXLV.

Pere , mere , ou autres parens
prochains habiles à fucceder peuvent requerir inventaire être fait
à leurs dépens , s'il n'eſt fait,
pour voir & fçavoir l'état de la
fucceſſion tant en biens meubles ,
qu'en dettes. Et ſi aucun a fait
ajourner les parens pour fçavoir
s'il ſe veulent porter héritiers ou
non, iceux parens, après l'ajournement fait , ont quarante jours
pour fur ce deliberer.

Article CCXLVI.

Héritiers fuccedans diverſement au defunt , les uns aux meubles & conquêts , & les autres au propres , ſont tenus payer les dettes dudit defunt , ſelon la valeur de ce qu'ils prenent en ſa ſucceſſion & faire apprecier dans quinze jours après qu'il auront fait acte d'héritiers la part & quotité des biens eſquels il ſuccedent. Et en defaut d'avoir ce fait , ſera tenu chacun d'eux aux dettes dudit defunt , par égalle portion , ſauf le recours aux moins prenans , à l'encontre des plus prenans.

Article CCXLVII.

Repréſentation a lieu infiniment en ligne directe. Et en ligne collaterale , juſqu'aux enfans des freres & ſœurs incluſivement , & en ligne directe ſera toujours ſuccedé par ſouches , comme auſſi en la collaterale quand il y aura freres ou ſœurs du decedé lui ſuccedans avec leurs neveux & niéces. Et au deffaut d'iceux freres & ſœurs

ſera

fera fuccedé par tête, entre lefdits neveux & niéces.

Article CCXLVIII.

Un banni perpetuellement &
à toujours n'eft habile, ni capa-
ble à fucceder; mais au lieu de
lui fuccederont les plus prochains
du decedé, tout ainfi & en la maniere que fi ledit banni étoit mort
naturellement.

Article CCXLIX.

Religieux profès, en religion
approuvée, ne fuccedent à leurs
parens foit en ligne directe ou
collaterale, ni le Monaftere pour
eux.

Article CCL.

Si enfans font mariés de deniers d'oncles, tantes, ou autres
parens, en ligne collaterale, ils
ne font tenus de rapporter au partage des fucceffions de pere ou
mere ni defdits oncles ou tantes,

L

ni d'autres leurs parens collate-
raux ce qu'ils ont eu en mariage, en tout ou partie, s'il n'est
exprès dit au traité de mariage,
que lesdits enfans seront tenus de
rapporter.

Article CCLI.

Si l'héritage donné en mariage
à fils ou à fille est prisé sans fraude, ledit fils ou fille n'est tenu rapporter si bon ne lui semble, sinon
ladite prisée. Et si c'est argent
pour une fois, & ledit fils ou fille
l'ait multiplié en marchandise,
ne sera tenu rapporter sinon ledit
argent baillé.

Article CCLII.

Héritage baillé à charge de
rapport, sans estimation, doit
être rapporté en telle & aussi bonne valeur qu'il étoit au tems qu'il
fut donné. Et si celui auquel a été
donné ledit héritage y fait quelques réparations & méliorations,
il sera remboursé, au cas que les-

dites méliorations foient utiles ou néceffaires.

ARTICLE CCLIII.

Fils ou filles mariés ne font tenus de rapporter les frais de nôces & banquêts ; mais feulement robbes nuptiales, joyaux & trouffeaux, comme lits, draps & autres chofes : & ne font tenus lefdits enfans de rapporter les frais des écoles, livres, ni apprentiffages ; pourvû que lefdits frais d'écoles, livres & apprentiffages ayent été faits durant la vie des pere & mere defdits enfans. Et fi l'enfant a droit acquis de pere ou mere, & le furvivant à l'entretenement de fondit enfant depenfe plus que ne monte fon revenu, ledit enfant n'eft tenu de le rapporter.

TITRE XIV.

DE TUTELLE

ET CURATELLE.

ARTICLE CCLIV.

ENfans mineurs, soient nobles ou non, après le decès de leur pere ou mere, sont & demeurent en la tutelle & curatelle de leur pere, ou mere, survivant; & en leur refus ou defaut, de leur ayeul ou ayeulle, s'il y en a. Et se peuvent dire les nobles gardiens, & les non nobles, tuteurs & curateurs légitimes, à la charge de prendre par lesdits gardiens & tuteurs les biens de leurs enfans par inventaire, & d'en rendre compte & reliqua.

Article CCLV.

Et en defaut de pere, mere, ayeul ou ayeulle feront pourvus de tuteurs & curateurs par Juftice qui feront élûs par les parens, amis & voifins, à la charge de prendre les biens par inventaire, & rendre compte comme deffus.

Article CCLVI.

Enfans nobles & non nobles, aufquels eft pourvû par Juftice de tuteurs & curateurs, font & demeurent eux & leurs biens en la puiffance & gouvernement de leurs tuteurs & curateurs jufqu'à ce qu'ils foient âgés de vingt-cinq ans ou mariés. Et font tenus leurfdits tuteurs & curateurs de prendre leurs biens par inven-taire, & à la fin de la tutelle & curatelle leur en rendre compte & reliqua.

Article CCLVII.

Enfans nobles & non nobles

foit fils ou filles font reputés âgés
& à leurs droits , quand ils font
mariés quelque âge qu'ils ayent.
Et dès-lors eft & demeure l'homme en fes droits , & la femme en
la puiffance de fon mari pour pouvoir efter en Jugement & faire les
actes entre vifs , que peuvent faire majeurs. Mais pour ce ne pourront aliener & hypotequer leurs
immeubles.

Article   CCLVIII.

Tuteurs ou curateurs nommés
par le teftament du pere font pre-
ferés à tous autres prêtant le ferment de tuteur par devant le Juge
ordinaire , les parens appellés. Et
s'ils acceptent ladite tutele , ils
font tenus de prendre les biens
par inventaire , pour en rendre
compte & reliqua.

Article   CCLIX.

Entre tutelle & curatelle n'y a
difference par ladite Coutume.

TITRE XV.
DES USAGES
ET PATURAGES.

ARTICLE CCLX.

HAbitans de Villes & Villages peuvent mener & faire mener leurs bêtes grofles & menues champayer & pâturer ès lieux de vaine pâture, ès finages & paroiffes à eux contigus & joignans de clocher à autre.

ARTICLE CCLXI.

Habitans de Villes ou Villages en général ou particulier ne peuvent pretendre avoir ufages ou pâturages, outre la vaine pâture, s'il n'en ont titre ou qu'il n'en payent redevance, ou s'ils n'en ont joui franchement de tel & fi long-tems qu'il n'eft memoire du contraire.

Article CCLXII.

Nul ne peut mener bêtes au-mailles, chevalines, chévres ou autres qui peuvent porter dommage au rejet ès bois taillis, jusqu'à ce qu'ils soient deffensables, & que tels ayent été declarés par Sentence du Juge, encore que lesdits bois appartiennent aux habitans en propriété ou qu'ils y ayent droit d'usage seulement.

Article CCLXIII.

Prés fauchés & dont l'herbe ou foin a été enlevé, sont incontinent reputés vaine pâture, sinon qu'ils soient clos & fermés de hayes ou fossés, ou que d'ancienneté on ait accoûtumé d'en faire regain. Toutefois si l'herbe & regain étoient delaissés esdits prés, on n'y pourra entrer auparavant la Saint Remi. Et dure la vaine pâture desdits prés, depuis ledit tems, jusqu'au premier jour de Mars seulement ; après lequel tems n'y pourront sous pretexte d'ancienne jouiſſanee mener leur beſtial , ſoit le jour de Pâques , Vendredi ſaint , ou autres jours.

ARTICLE CCLXIV.

En quelque tems que ce ſoit on ne peut mettre porcs en prés , vignes & ſauſis, ni en terres , tant qu'elles ſont emblavées.

ARTICLE CCLXV.

Durant le tems de grenier on ne peut mener porcs ni autres bêtes en bois ni foréts , ſans le conſentement de ceux à qui ils ſont.

ARTICLE CCLXVI.

Si aucuns porcs ſont pris en forêt & bois de haute futaye , durant le tems de grenier & ils ſoient trouvés à garde faite , il y a amende arbitraire , avec confiscation & restitution de dommage. Et s'ils y sont par échappée en tems de grenier, il y a amende de cinq sols tournois pour chacun porc, avec restitution de dommage.

Article CCLXVII.

Hauts bois bons a moisonner & édifier portans gland & paisson, & qui n'ont été couppés ou labourés de mémoire d'homme, sont reputés bois de haute futaye.

Article CCLXVIII.

Les acruës appartiennent comme vacans au Seigneur haut Justicier, sinon qu'elles soient en fonds & héritages, dont il y ait detempteur, auquel cas elles appartiennent à celui à qui est le fond & héritage.

Article CCLXIX.

Le tems de grenier en bois & forêts commence à la Saint Remi,

& dure juſqu'à la Saint André.

ARTICLE CCLXX.

Le Sergent ordinaire blavier ou Meſſier ſera crû ſeul & ſans témoins , de la priſe qu'il aura faite , & du lieu , juſqu'à trois ſols tournois d'amende , & au-deſſous , ſous le rapport duquel le detempteur du lieu où la priſe aura été faite , ſera crû par ſerment de ſon dommage juſqu'à cinq ſols tournois & au-deſſous. Et ſi partie intereſſée ne s'en veut contenter , lui ſera permis d'informer du dommage fait & ſouffert , pour en avoir plus grande reparation.

ARTICLE CCLXXI.

Il eſt permis à un chacun prendre ou gager perſonnes & bêtes en ſon dommage , & rendre le gage à Juſtice dans douze heures. Et eſt le preneur crû par ſerment de l'amende de la priſe juſqu'à trois

fols tournois ; & de son dommage
jusqu'à cinq sols tournois & au-
dessous , sauf que s'il veut prouver plus amplement, faire le pourra , comme dessus.

ARTICLE CCLXXII.

Et sera le gage de la personnne
prise , reconnu & vérifié aupara-
ravant que le gage soit tenu de
ladite amende & dommage; & s'il
y a refus de reconnoître le gage ,
ou qu'il ne peut être verifié , ledit gage appartiendra au preneur,
& néanmoins sera ledit propriétaire crû de son dommage jusqu'à
cinq sols tournois, comme dessus.

*Fin des Coutumes du Bailliage
d'Auxerre.*

PROCE'S

PROCE'S VERBAL.

L'A N mil cinq cent foixante - un , le Diman-
che quinziéme jour de
Juin , Nous Chriftophe
de Thou , Préfident , Barthelemi
Faye & Jacques Viole , Confeillers du Roi notre Sire en fa Cour
de Parlement , fommes arrivés en
la Ville d'Auxerre, pour & en icelle être par nous procedé à la rédaction des Coutumes du Comté
& Bailliage dudit Auxerre , anciens reflorts & enclaves d'icelui , fuivant les Lettres Patentes
dudit Seigneur , à nous adreflées,
& autres des feux de bonne mémoire les Rois Henri & François
fes Pere & Frere defquelles en-
femble de notre commiffion la
teneur enfuit.

M

HENRI, par la grace de Dieu,
Roi de France, à nos amés &
féaux Maîtres Chriſtophe de
Thou, Préſident, Barthelemi
Faye, & Jacques Viole, Conſeillers en notre Cour de Parlement, ſalut & dilection. Comme
vous avez par ci-devant été par
Nous commis à rediger & mettre par écrit les Coutumes de nos
Pays & Provinces reſſortiſſans en
notredite Cour de Parlement, qui
n'auroient encore été accordées
& redigées; ou ſi accordées &
redigées auroient été les procès
verbaux d'icelles ſeroient perdus
& adirés, ſuivant laquelle commiſſion auriez redigé & mis par
écrit pluſieurs Coutumes deſdits
Pays & Provinces. Et depuis par
autres nos Lettres de commiſſion
auriez été commis à rediger les
Coutumes de nos Pays & Comté
du Maine, Duché d'Anjou, &
de Touraine, leſquelles combien
que par ci-devant euſſent été ré-

digées , & les Procès verbaux
faits fur la rédaction d'icelles mis
au Greffe de notredite Cour de
Parlement , toutefois lefdits Procès verbaux étoient chargés de
plufieurs renvois faits en notredite Cour. Et auffi fe feroient
mûs plufieurs differends fur l'interprétation de plufieurs Articles
defdites Coutumes pour lefquels
auroit été befoin informer par
turbes de témoins , fur la maniere d'en ufer au grands frais &
foule de nos fujets. Laquelle derniere commiffion n'auroit encore
été par vous exécutée , auffi qu'en
plufieurs autres Pays & Provinces reffortiffans en notredite
Cour fe feroient trouvées plufieurs Coutumes dures , iniques
& déraifonnables, même en notre
Bailliage de Melun , auquel repréfentation n'a lieu en ligne directe , dont plufieurs plaintes
nous auroient été faites : fçavoir
faifons , que Nous défirant le

bien & soulagement de nos Sujets, la matiere par Nous mise
en délibération avec aucuns Prin-
ces de notre sang & gens de notre
Conseil privé étant lèz Nous,
avons ordonné, voulons & nous
plaît que vous ayez le plutôt que
faire se pourra, à exécuter le
contenu en nosdites Lettres de
commission à vous par ci-devant
adressées : & outre réformer, rédiger & arrêter de nouvelles Coutumes de notredit Bailliage de
Melun : & pour cet effet vous
transporter tant en notre Ville
de Melun qu'ès Villes du Mans,
Tours, Angers, Poitiers, la Rochelle, Loudun, Auxerre & autres Villes comprises en nosdites
Lettres de commission. Vous permettant à cette fin de désempa-
rer notredite Cour durant le tems
de la séance d'icelle ; pour par
vous trois ou deux de vous, par
defaut & empêchement du tiers,
pourvû que vous de Tou Préfi-

dent y puissiez assister, vacquer à la rédaction & réformation desdites Coutumes, & en chacune desdites Villes convoquer & assembler les Gens de trois Etats de chacune desdites Provinces, lesquels à ce faire seront contraints ; à sçavoir les gens d'Eglise par prise & saisie de leur temporel, & les gens laïcs par prise & saisie de leurs biens, meubles, immeubles ; & ce nonobstant oppositions ou appellations quelconques, & sans préjudice d'icelles. En présence & du consentement desquels Etats vous enjoignons de nouveau rédiger & accorder, & si besoin est muer, corriger & abroger lesdites Coutumes ou partie d'icelles, & faire vos Procès verbaux des débats & oppositions qui seront faits en procedant par vous à la rédaction & accord d'icelles en la maniere dûe & accoutumée pour lesdites Coutumes ainsi redigées & accor-

M iij

dées , moderées ou corrigées ,
comme dit est , être publiées &
enregistrées ès Greffes des prin-
cipaux Sieges de chacune desdites Provinces , & dorénavant
gardées & observées comme Loi
& Edit perpétuel & irrévocable.
Voulons aussi & nous plaît que
lesdites Coutumes ainsi par vous
redigées ayez à faire taxe des
frais qu'il aura convenu faire
pour la redaction d'icelles : en-
femble des vacations & falaires
d'aucuns de nos Officiers , qui,
pour assister à ladite rédaction ,
auroient été distraits de l'exer-
cice ordinaire de leurs offices , &
de tous autres frais qu'il aura
convenu faire , pour raison & en
conféquence d'icelle rédaction ;
lesquels frais voulons être pris
& levés fur les gens des trois
Etats de chacune desdites Provinces , qui auront été convoqués & appellés à la redaction de
leurs Coutumes ; & ce par les

contraintes, forme & maniere qui ont été par ci-devant obfervées en la levée des deniers par vous taxés en femblables affaires & commiffions. De ce faire vous donnons pouvoir, autorité, commiffion & mandement fpecial par ces Préfentes; & revocquant par Nous toutes autres commiffions à ce contraires, fi aucunes y en a. Mandons & commandons à tous nos Jufticiers, Officiers & Sujets, à vous en ce faifant obeïr; car tel eft notre plaifir. Donné à Paris le 12. Février 1558, & de notre Regne le douziéme. Ainfi figné, par le Roi, FIZES, & fcellé de cire jaune fur fimple queue.

FRANÇOIS, par la grace de Dieu Roi de France, à nos amés & feaux Maîtres Chriftophe de Thou Prefident, Barthelemi Faye, & Jacques Viole Confeillers en notre Cour de Parlement, falut.

Comme par Lettres Patentes de feu notre très-honoré Seigneur & Pere le Roi Henri, que Dieu abſolve, données à Paris le douziéme jour de Février dernier, vous ait été enjoint, ſelon vos commiſſions précedentes, & la nouvelle commiſſion contenue par leſdites Patentes, de proceder tant à la redaction des Coutumes de nos Pays & Provinces, reſſortiſſant en notredite Cour de Parlement qui n'auroient encore été accordées & redigées, ou ſi accordées & redigées auroient été, les Procès verbaux d'icelles ſeroient perdus & adirés, qu'auſſi des Coutumes de pluſieurs de noſdits Pays & Provinces, reſſortiſſant en notredite Cour, leſquelles combien que par cy-devant elles euſſent été redigées, les Procès verbaux faits ſur la redaction d'icelles étoient chargés de pluſieurs renvois faits en notredite Cour, & ſe ſeroient

mûs plusieurs differends sur l'interpretation de plusieurs Articles
desdites Coutumes, pour lesquels
auroit été besoin informer par
turbes de témoins sur la maniere
d'en user aux grands frais & foule de nos sujets ; & pour cet effet, vous eût été enjoint de vous
transporter ès Villes de Melun,
le Mans, Tours, Angers, Poitiers, la Rochelle, Loudun,
Auxerre & autres comprises esdites Lettres de commission. Vous
permettant à cette fin de desemparer notredite Cour durant le
tems de la séance d'icelle. Pour
par vous trois ou deux de vous,
par le defaut & empêchement du
tiers, pourvû que vous de Thou
President y puissiez assister, vacquer à la redaction & reformation desdites Coutumes, & en
chacune desdites Villes convoquer & assembler les Gens des
trois Etats de chacune desdites
Provinces, par les contraintes

plus-à-plein contenues esdites Lettres ; suivant lesquelles auriez du vivant de notredit feu Seigneur & Pere envoyé en aucunes d'icelles Villes vos commissions pour faire convoquer & assembler lesdits Etats.

Pour ce est-il que nous voulant pour le bien & utilité de nosdits Pays être par vous procedé à l'execution desdites Lettres , vous avons de nouveau commis & commettons à la redaction desdites Coutumes , & faire tout ce qui vous est mandé par lesdites Lettres tout ainsi qu'eussiez pû faire du vivant de notredit feu Seigneur & Pere. Mandons & commandons à tous nos Justiciers , Officiers & Sujets à vous, en ce faisant, obeïr : car tel est notre plaisir. Donné à Paris le 24. Juillet , 1559. & de notre regne le premier, Signé par le Roi en son Conseil, HURAULT, & scellé de cire jaune sur simple queue.

F R A N Ç O I S , par la grace de Dieu , Roi de France , à nos amés & feaux Maîtres Chriſtophe de Thou Preſident , Barthelemi Faye , & Jacques Viole Conſeillers en notredite Cour de Parlement de Paris ſalut & dilection. Notre très - honoré Seigneur & Pere le Roi dernier décédé , par ſes Lettres Patentes du 12. Février , 1558. & Nous par autres nos Lettres du 24. Juillet , 1559. vous commandâmes proceder à la redaction des Coutumes de pluſieurs Provinces de notre Royaume , mémement de notre Bailliage d'Auxerre , à quoi vous n'auriez encore vacqué. Ce qu'eſt requis faire , toutefois par ce que par noſdites Lettres ne vous eſt mandé proceder à la redaction d'aucunes Coutumes locales d'aucuns lieux dudit Bailliage d'Auxerre , & que noſdites Lettres ſont ſurannées depuis le 24 Juillet dernier , vous pourriez faire

difficulté proceder, si par Nous
n'étoit sur ce pourvû. Nous, ce
consideré, & après qu'il nous est
apparu de la copie de nosdites
Lettres ci-attachées sous le con-
trescel de notre Chancellerie, vous
mandons à vous trois ou aux deux
de vous, par defaut & empêche
du tiers, pourvû que vous de
Thou serez toujours l'un, enjoignons qu'à l'execution de nosdites Lettres & redaction desdites
Coutumes, tant générales, par-
ticulieres, que locales de tout ledit Bailliage & Terres adjacentes
& qui en dependent, procediez
tout ainsi que si par lesdites Lettres vous étoit expressement mandé, & que vous eussiez fait ou
pû faire dans l'an de l'octroi desdites Lettres; car tel est notre
plaisir: nonobstant que lesdites
Lettres soient surannées, & quelconques Ordonnances, restric-
tions, mandemens deffenses &
Lettres à ce contraires. Donné à
Fon-

Fontainebleau, le 24 Août 1560,
& de notre Regne le deuxiéme.
Ainfi figné, par le Roi en fon
Confeil, de LOMENIE, & fcellé
fur fimple queue d'un grand fcel
de cire jaune.

CHARLES, par la grace de
Dieu Roi de France, à nos amés
& feaux Maîtres Chriftophe de
Thou Prefident, Bartelemi Faye,
& Jacques Viole, Confeillers en
notre Cour de Parlement de Paris, falut & dilection. Comme
par Lettres patentes de feu notre très-honoré Seigneur & Pere
du 12 Février 1558, vous ait été
enjoint, felon autres commiffions
precedentes, proceder tant à la
redaction des Coutumes de nos
Pays & Provinces reffortiffant en
notredite Cour de Parlement,
qui n'auroient encore été accordées & redigées, ou fi accordées
& redigées auroient été, les Procès Verbaux d'icelles feroient

N

perdus & adirés, qu'aussi des Coutumes de plusieurs de nosdits Pays & Provinces ressortissant en notredite Cour : lesquelles combien que par ci-devant elles eussent été redigées, les Procès verbaux faits sur la redaction d'icelles étoient chargés de plusieurs renvois faits en notredite Cour. Et aussi se seroient mûs differends sur l'interpretation d'aucuns des Articles desdites Coutumes pour lesquels auroit été besoin informer par turbes de témoins sur la maniere d'en user, aux grands frais & foule de nosdits Sujets. Et pour cet effet vous eût été enjoint de vous transporter ès villes de Melun, le Mans, Tours, Angers, Poitiers, la Rochelle, Loudun, Auxerre & autres comprises esdites Lettres de commission. Vous permettant à cet fin desemparer notredite Cour durant le tems de la séance d'icelle ; pour par vous trois ou deux de vous, par le de-

faut & empêchement du tiers ,
pourvû que vous de Thou Prefident y puifliez affifter , vacquer
à la rédaction & reformation
defdites Coutumes, & en chacune
defdites Villes convoquer & affembler les Gens de trois Etats
defdites Provinces , par les contraintes plus amplement contenues efdites Lettres , fuivant lefquelles auriez du vivant de notredit feu Seigneur & Pere , envoyé en aucunes d'icelles Villes
vos commiffions , pour faire convoquer & affembler lefdits Etats.
Et depuis par autres Lettres de
notre très-honoré Seigneur &
Frere le Roi dernier décedé, données tant à Paris, Mont-fort, faint
Germain - en - Laye , qu'autres
Lieux , avez de rechef été commis pour proceder à ladite rédaction , réformation & arrêt defdites Coutumes , & en autres
Lieux envoyé vos commiffions
pour y faire convoquer & af-
N ij

fembler les Etats ; toutefois pour les affaires & empêchemens à vous furvenus n'avez pû parfaire l'execution de vofdites commiffions : chofe que défirons finguliérement être faite felon l'intention de nos predeceffeurs Rois de France. Pour - ce eft - il que Nous voulant, pour le bien & utilité de nofdits Pays, être par vous procedé à l'execution defdites Lettres, vous avons de nouveau commis & commettons à la redaction des Coutumes générales & locales des Villes & Bailliages dénommés efdites Lettres de commiffion, & des Pays, Terres & Seigneuries étant du reffort & enclaves d'iceux, & faire tout ce qui vous eft mandé par lefdites Lettres, tout ainfi qu'euffiez pû faire du vivant de nofdits feux Seigneurs Pere & Frere ; & que fi lefdites Lettres avoient été par vous, depuis notre avenement à la Couronne octroyées ;

car tel eſt notre plaiſir , nonob-
ſtant quelconques Ordonnances
& Lettres à ce contraires. Donné
à Orleans le 5 Janvier, 1560 ,
& de notre Regne le premier :
ainſi ſigné , par le Roi en ſon
Conſeil DE LOMELIE , & ſcelé
ſur ſimple queue du grand ſcel de
cire jaune.

CHRISTOPHE DE THOU,
Préſident , Barthelemi Faye &
Jacques Viole Conſeillers du
Roi en ſa Cour de Parlement à
Paris , au Bailli d'Auxerre ou
ſon Lieutenant , ſalut. Comme
vous ayez ſuivant notre commiſſion donnée en cette Ville de Paris le 27 Mars dernier paſſé ,
baillé aſſignation aux Gens des
trois Etats de votre Bailliage
d'Auxerre , de comparoir le 30
de ce préſent mois en la ville
d'Auxerre , pour là , de l'avis
deſdits trois Etats être par nous
procedé à la rédaction & arrêt des

Coutumes de votredit Bailliage, suivant les Lettres Patentes des feux Rois Henri & François, que Dieu abfolve ; & auffi autres Lettres Patentes du Roi Charles à préfent regnant, données à Orleans, le 5 Janvier auffi dernier paffé, ce qu'aurions totalement déliberé de faire. Mais à notre très-grand regret, confiderée la continuation de la précedente affignation qui vous avoit été baillée pour même affaire l'hyver dernier paffé, avons été de rechef arrêtés pour les affaires du Roi, à fçavoir nous de Thou Préfident, auquel ledit Seigneur Roi a commandé de nous trouver, toutes excufes ceffantes, en cette ville de Paris, ledit 30 May ; & à nous Faye Confeiller a été auffi commandé par ledit Seigneur, de préfentement nous tranfporter ès limites de ce Royaume, pour quelque brief tems. A ces caufes avons été contraints continuer ladite affignation au Dimanche 15 Juin prochainement venant, auquel jour efpérons, avec l'aide de Dieu, fans autre delai ni continuation, nous trouver audit Auxerre, pour le lendemain être procedé à la rédaction defdites Coutumes ; ce qu'il vous plaira faire publier & contremander à toute diligence aufdits Gens des trois Etats par vous déja convoqués, & leur faire fçavoir ladite continuation. De ce faire vous donnons pouvoir en vertu de celui à nous donné. Mandons & commandons à tous les Jufticiers, Officiers & Sujets dudit Seigneur & autres qu'il appartiendra, à vous en ce faifant, obéir. Donné à Paris fous nos feings & fcels, le 15 Mai 1561. Ainfi figné, DE THOU, FAYE, VIOLLE, & fcellé en trois placarts de cire rouge.

Et le lendemain feiziéme jour defdits mois & an, à heure de

sept heures du matin, nous som-
mes transportés en l'Hôtel Epis-
copal dudit Auxerre, lieu élû &
preparé, pour par nous être procedé à la rédaction desdites Coutumes; auquel lieu, après que
de notre Ordonnance a été faite
lecture par le Greffier à ce commis, desdites Lettres de Commission, a été, par Maître
Etienne Sotiveau Avocat du Roi
au Siége Présidial dudit Auxerre,
assisté de Maître Claude d'Heu,
Procureur dudit Seigneur audit
Siége, dit & remontré, que suivant le vouloir dudit Seigneur &
en vertu desdites Lettres de Commission, ajournement auroit été
fait & assignation donnée aux
Gens des trois Etats dudit Comté
& Bailliage d'Auxerre, audit jour
quinze dudit mois de Juin & autres jours suivans à comparoir en
ladite ville d'Auxerre par-devant
nous, requerant qu'ils fussent appellés : ce qu'avons ordonné être

fait par ledit Greffier, & se sont presentés ceux qui suivent.

Et premierement pour l'Etat d'Eglise, Reverend pere en Dieu Messire Philippe de Lenoncourt, Evêque d'Auxerre, Seigneur des Châtellenies & Seigneuries de Varzy, Odand, la Chapelle Saint André, Cône, Regennes, Appoigni, Charbui, Gy - l'Evêque & Sarcy en partie, comparant par Maître Gaspard d'Ami son Vicaire Général & Official dudit Auxerre, assisté de Maître Edme Vincent son Avocat : les Doyen, Chanoines & Chapitre Saint Etienne d'Auxerre, comparant par Maître François de la Barre Doyen : Edme Thevenon Chantre, Etienne le Muet Penitencier, Charles Grillet Archidiacre, Germain de Charmoi, Nicole David l'Istre, Pierre du Broc, Antoine Brissac, Gaspard d'Ami, Gilles Cochon, Laurent Petit-Fou, & Gaucher Regnauld

Chanoines prefens, Seigneur de Cravant, Accolay, Monnetau, Chemilli, Charmoi, Chicheri, Egleni, Merri, Lindri, Beauvoir, Pourrain, Parli & la Racine, Oyfi & Chivres, avec Maître Edme Tribole Procureur defdits de Chapitre, garni d'une conclufion capitulaire : le Reverendiffime Cardinal de Guife, Abbé de faint Germain d'Auxerre, comparant par Maître Laurent Petit-Fou, fon Grand Vicaire en fadite Abbaye: les Religieux, Prieur & Couvent dudit faint Germain, comparant par Frere Pierre de Paiffeliere Grand Prieur, avec Maître Etienne Berault leur Procureur, Seigneurs d'Iranci, Heri, Aufecq lèz S. Bris, Rouvray, Sogeres, Gurgi, Pian, Villeneuve, faint Salle, Bleigni, Neron, Gros-bois, Vaulgines, Villemer, Diges, Efcan, Moutiers, Chievres, Annay fur Loire, Grangette, Collangette & Perrigni : le Reverendiſſime Cardinal de Ferrare, Abbé de ſaint Edme de Pontigni, comparant par François Deyna, Procureur Général & Receveur audit Lieu, aſſiſté de Maître François Thorel ſon Procureur : les Religieux, Prieur & Couvent dudit Pontigni, comparant par Frere Nicole de Franſans Secretain dudit Lieu & Frere Pierre Chamfeu, Religieux de ladite Abbaye, aſſiſtés dudit Thorel : le Reverendiſſime Cardinal de Châtillon Abbé de Vezelai, comparant par Maître Pierre Verveyne ſon Juge audit Vezelai : les Doyen, Chanoines & Chapitre dudit Vezelai, comparant par Maître Jean Chachere Chanoine dudit Lieu, tant pour lui qu'avec Maître Louis Barrault Procureur pour ledit Chapitre, Seigneurs de Vezelai, Aquien, Beſſi, Montelvot, Truci ſur Yonne en partie, Voutenai, Aſnieres en partie, Broſſes, ſaint Maure, Givry, Foullette, Precile-feq, Nanchievres, Chamou, Blannai, faint Pere-fous-Vezelai, & Fontenay : les Religieux, Abbé & Couvent de faint Mariam lez Auxerre, Seigneurs de Oyfelet, Ville-perdue & Juilly, comparant par Frere Nicole Ravion Prieur, & Frere Michel L'huilier, Curé de S. Martin lez S. Mariam, affiftés de Maître François Loifet leur Procureur : Maître Laurent Petit-Fou, Abbé de faint Pere d'Auxerre, prefent : les Religieux, Prieur & Couvent dudit faint Pere, comparant par Maître Felix Maffe, Abbé de Marcilly : Guillaume Collot & Pierre Chanci, Religieux de ladite Abbaye, affiftez dudit Barrault leur Procureur : les Religieux, Abbé & Couvent de Borras, comparant par Maître Philebert le Muet leur Procureur : les Religieux, Abbé & Couvent de Roches, comparant par Maître Edme Liger leur Procureur : les Religieu-

Religieuſes, Abbeſſe & Couvent de ſant Julien lez Auxerre, Dames de Charantenay & de Vaux en partie, comparant par Maître François le Roi leur Procureur : les Religieuſes, Abbeſſe & Couvent de Notre-Dame des Iſles, par Maître Nicole Moreau leur Procureur : les Religieuſes Abbeſſe & Couvent de Notre-Dame de Criſenon, Dames de Licy ſur Cure, Truci ſur Yonne, Pregilbert en partie & Charmoi lez Mailli le Château, par Maître Louis Barrault : le Commandeur d'Auxerre, Seigneur de Valan, Sacy en partie, Villemozon, le Sauce lez ſaint Bris, le Sauce ſur Yonne, Trebenay & Monetau en partie, par Maître Edme Vincent Avocat, & François le Roi Procureur : le Chapitre de Notre-Dame de la Cité d'Auxerre, par Meſſire Vincent Marion, Chanoine : le Chapitre de Cône, par Maître Pierre le Clerc : le Chapi.

O

tre de Donzy , par Maître Edme Tribole leur Procureur : Maître Jean de Duyfant , Chanoine de l'Eglife Collegiale de Notre-Dame de Toucy , pour ledit Chapitre , prefent , affifté de Maître Jacques Coillaut Procureur : les Doyen , Chanoines & Chapitre de faint Etienne de Sens , Seigneurs de faint Aubin , Châteauneuf, Sarrigni & Bafles, par Maître Jean Villon: le Chapitre d'Appoigni , par Maître Edme Tribole leur Procureur: les Abbé féculier, Chantre , Chanoines , & Chapitre faint Potentian de Châtel Sanfoi , Seigneurs de Fontenailles , Luci & Miferi , comparant par Maître Jean Nauldet Tréforier, & Louis le Noir, Chanoines pour eux , & ledit Abbé & Chapitre , affiftés dudit Barrault leur Procureur : les Religieux , Abbé & Couvent de Notre-Dame de Regni , par Maître Etienne Berault: Saint Pere-le-vif , par ledit Be-

rault, fous les proteftations par
lui faites : Maîtres Jacques Ve-
rius Confeiller du Roi en fa Cour
de Parlement, Prieur - Curé de
faint Verain-des-bois, par Maître Etienne Berault fon Procureur : les Prieur & Religieux de
faint Eufebe, Seigneurs de Terves
en partie, par Maître Simon Tribole: le Prieur-Curé de faint Amatre lez Auxerre en perfonne : le
Prieur faint Gervais lez Auxerre,
par ledit Berrault fon Procureur :
le Prieur de l'Efpau, par Maître
Edme Leger : Maître Antoine Ar-
noult Prieur Commendataire de
Joux, par Maître Simon Paillot
affifté de Maître Jean Foucher
Procureur : Maître Philippe de
Toucis, Prieur-Curé de Ciez, Curé de faint Pere de Noifi & de
faint Loup des bois, en perfonne : Maître Etienne de Douhet,
Prieur-Curé du Bois d'Arcy, Seigneur Jufticier dudit lieu, par
Maître Jacque Collon Lieutenant

du Bailli de Vezelai , & ledit Barrault fon Procureur : Frere François le Roi , Prieur-Curé de faint Cire en perfonne , affifté de Maître Jean Taffinau : le Prieur-Curé d'Eftaiz prefent : le Prieur-Curé de Thury prefent : Maître Etienne le Muet Chantre & Penitencier d'Auxerre , Prieur d'Audrie, Curé de Sainte Colombe & de faint Amand : Maître Nicolas le Gras , Prieur de faint Sauveur , par Maître Claude Vernillat fon Procureur : les Chapelains du Château de Seignelai , par Meffieurs Guillaume Blanche, François Richer , Fermier de l'un defdits Chapelains , Jean Senelonge , & Hugues Haricot Prêtres , tous Procureurs defdits Chapelains : ledit Maître Felix Mafle Prieur-Curé d'Aulgy prefent , affifté dudit Barrault fon Procureur : Maître Denis de la Porte , Curé de faint Eufebe , par Maître Simon Tribole : Maître Pierre Regnard,

Curé de saint Pere d'Auxerre pre-
sent : Maître Jean Berthier, Cu-
ré de saint Mammert ; Maître
Guillaume Collot, Curé de saint
Pellerin ; Maître Simon Tribole
Curé de saint Renobert ; Frere
Jean Guerin, Curé de Notre-
Dame-la-dehors ; Maître Pierre
Tournemothe, Curé de saint
Loup ; le Curé de saint Pere en
Château, tous presens : Maître
Nicole Martin, Curé de Saint
Martin lez saint Julien present,
assisté dudit Barrault son Procu-
reur : Maître Jean Thibault, Cu-
ré de saint Gervais lez Auxerre,
present : Maître Laurent le Nor-
mant, Curé de Fontenay en Puy-
saye, present : Maître Pierre du
Broc, Curé de Bois-le-Tartre,
saint Cire lez Entrain, & de Seul-
ly & Vergiers, present : Maître
Denys Musnier, Curé d'Alligny,
& Amodiateur de la Chapelle
sainte Anne de Cône, present,
Maître Jean Quetier, Prêtre Cu-

ré de Molins, prefent, affifté de Maître Claude Vernillat fon Procureur : Maître Etienne Lotin, Curé d'Oyfi & Pourrain , prefent, affifté dudit Thorel : Maître Pierre Valoudin, Curé de Baffou, prefent : Maître Etienne le Bourgoing, Curé de Villemer, comparaut par Meffire Edmon Guillot fon Vicaire, affifté dudit Berault fon Procureur : Maître François le Sage, Curé de Vaulx & Champs, prefent, affifté de Maître Pierre d'Aubuz : Maître Olivier de Courts, Prêtre Curé de la Selle fur Loire, prefent : Maître Edme le Maire Curé de Courgy, prefent : Maître Antoine de la Vau, Curé de Chemilly, prefent : le Curé d'Hery prefent avec Berault : Maître Etienne Lamoignon Curé de Vitri en Puyfaye, prefent : Maître Jean de la Foreft Curé de Perrigny - lez - Auxerrre, par Maître Noël Robinet fon Procureur, qui a declaré ledit Curé être malade à Soiſſons : Maître Pierre Berault Curé de Gurgy, preſent : Maître Etienne d'Ampierre Curé d'Andrye, preſent, comparant au lieu de Maître Jean Repoux : Maître Guillaume Langlois Curé de Fontenay près Fourronne, preſent, aſſiſté de Maître Claude Vernillat : Maître Simon du Pin, Curé d'Argenol, par Maître Nicolle Regnard, aſſiſté dudit Foucher : Maître Jean Guilon Prieur-Curé de Linſeq en perſonne, avec Maître Jean Richard ſon Procureur : Maître Etienne Thorignon Prieur-Curé de Perreuze, par ledit Richard : Maître Jean Morel, Docteur de Paris, Curé de Sampuis, par ledit Richard : Frere Philippe des Champs Religieux du Prieuré de Fay, demeurant à ſaint Marc, membre dépendant dudit Fay, par ledit Richard : Meſſire Martin Malot Curé de Feſtigny, par ledit Richard : Meſſire Jean Guichard, Curé d'Eſgleny par ledit Richard : Frere Charles Chevalier, Curé de ſaint Bris en perſonne : Maître Barthelemi Felix , Curé de Mailly-le-Château , par Maître Jacque Felix , ſon Procureur : Maître Pierre Pean , Curé de Gy-l'Evêque preſent : Maître Pierre de la Ponge Curé de Licheres , par Maître Hugues Menebroc ſon Procureur : Maître Felix Chrétien Curé de Crain , par ledit Menebroc : Maître Jean de la Ponge, Curé de Parly & ſaint Euloge en Puiſaye, en perſonne : Maître Jean de Beyne , Curé de Collanges ſur Yonne , par Maître Pierre le Clerc : Maître Guillaume Bernardin , Curé de Chaſtenoi , en perſonne : Maître Germain Faulchot, Curé de Goix lez ſaint Bris, preſent : Maître Jean Chachere , Curé de Montigny , preſent, aſſiſté dudit Berrault : Maître Jean Nauldot, Curé de ſaint Martin ſur Oc-

cre, prefent : Maître Michel Fo-
cat , Curé de Tingy , & Maître
Louis Guetard , Curé de Blannay,
comparant par ledit Barrault leur
Procureur: Maître Claude Renon,
Curé de Haute-Rive , prefent :
Maître Vincent Gaugery , Curé
de Bafarne, prefent : Maître Pierre Boullon , Curé de Lucy fur
Yonne , par Meffire Jean Potot
fon Vicaire , affifté dudit d'Aubuz : Maître Touffaints Gautier ,
Curé de Mailly-la-Ville prefent :
Maître Jean de Tours , Curé de
Pregilbert, prefent : Maître Claude Berthier Prêtre , Curé de Fourronne , par ledit Vernillat : Maître Charles Grillet , Curé de la
Vau : le Curé de Bleneau , par
Maître Jacques Felix fon Procureur : le Curé de Joux , par Maître Nicolas Regnard fon Procureur : Maître Leonard Gaulche-
rard , Curé de Hodand , prefent :
Maître Theode de Blanchefort ,
Curé de Cecy , par Maître Jac-

ques Collon Lieutenant du Bailli
de Vezelay son Procureur : Maître Jean le Moine, Curé de Cravant, par Maître Guillaume Petit
son Vicaire & Procureur : Maître Guillaume le Gras Curé de
Sainte Palaie , par Messire Thomas Thoulon son Vicaire : Maître Jean de Duissant , Curé de la
Lande-saint-Marceau , present :
Maître Nicole Bourfin , Curé de
Blaigny , present.

Et pour l'Etat de Noblesse, sont
comparus le Duc de Nivernois ,
Pair de France , Baron de Donzy,
& de Saint Verain des bois , Boy,
Cône , Seigneur de Château San-
foy & de Beauche , par Maître
Etienne Mocquot & Maître Edme
Tribole son Procureur : Messire
Nicolas d'Anjou , Chevalier de
l'Ordre Comte de faint Forgeau ,
Seigneur de Perreuze , le Vau &
Faverolles , par Maître Nicole
Boyrot son Procureur : Messire
Edme de Plye , Chevalier , Baron

de Toucy & Eſtais Millon par ledit Tribole ſon Procureur: Meſ-ſire Henri de Malain Chevalier, & Jean de la Riviere Seigneur de Seignelay, & ledit de Malain de Haute-Rive & Rebourſeau par ledit Tribole & Maître Claude Marmaigne : Meſſire Antoine de Vielhan; Chevalier, Lieutenant de la Compagnie du Duc de Ni-vernois, Seigneur de Merri-ſur-Yonne, Migé, Blannay, le Per-chin, de Mouffi en partie, Che-vroches le Saulſoy & Vaucoup-peau, par Maître Baptiſte Ber-gerat ſon Procureur : Meſſire François de Courtenay, Cheva-lier Seigneur de Bleneau, Bailli d'Auxerre, par Maître François le Roi ſon Procureur : Meſſire Jacques d'Anglure, Vicomte & Seigneur d'Erauges, de Quêne, Nangy, & le Sauſoi, & Gouver-neur d'Auxerre, par Maître Noël Robinet, & Maître Claude Rouſ-ſelet : Philippe de Chaſtellux,

Ecuyer , Seigneur de Bafarne ,
Pregilbert, fainte Palaie , Sery ,
Fontenay , & Trucy-fur-Yonne
en partie , prefent, & par ledit
Marmaigne fon Procureur : Oli-
vier de Chaftellux , Seigneur de
Coulanges-la-Vineufe, du Val de
Mercy , prefent , & par ledit Tri-
bole : & Meffire Louis d'Etampes,
Chevalier , au nom & comme
ayant l'adminiftration des corps
& biens des Enfans mineurs de
lui & de feue Edmée le Rotier ,
Seigneurs du Mont faint Sulpice
& Boully , par Maître François
Armant , Juge en garde defdits
Lieux : Meffire Adrian de la Ri-
viere Chevalier , Seigneur de
Champlemis , & de Baffou près
Appoigny en perfonne , affifté de
Maître Jean Richer fon Procu-
reur : Guillaume de Groffonu
Ecuyer , Seigneur de Peffelieres ,
Soyeres, Foffegillet, le Maupas ,
le Challou , Verilly , le petit Pef-
felieres au Bourg de Treigny , la
Mozée

Mozée, saint Marceau, le Chênoy, le Sablon & Tingy en partie, par Maître Claude Marmaigne : Marie du Lac, Dame de Villefargeau, par ledit Marmaigne son Procureur : Damoiselle Françoise de Mervillier, Dame de Dracy, par ledit Marmaigne : Jean de la Riviere, Seigneur dudit Lieu, par ledit Marmaigne : Gilbert de Guytois, Ecuyer Seigneur d'Arguien, par ledit Tribole : Dame Philippe du Moulin, veuve de Messire Charles de Fleurigny Chevalier, Seigneur dudit Lieu, Ecuyer tranchant du Roi, & Capitaine de Sens, au nom & comme ayant la garde noble des enfans mineurs dudit défunt & d'elle, Seigneurs de Bassou, près Linsecq en partie, par ledit Richer : Annot Andreas Ecuyer Seigneur de Changy, par ledit Maître Baptiste Bergerat : Louis Blosset Ecuyer, Seigneur de Viliers & de Fleury,

P

par ledit le Clerc : Jean d'Hervy
Ecuyer, Seigneur de Charmoy,
près Joigny present, assisté dudit
Armant : Damoiselle Françoise
de Verne, Dame de saint Pere du
Mont, par ledit le Roi, Claude,
Charles & Germain Armant, tant
en leurs noms, que comme tu-
teurs des enfans mineurs de feu
noble homme Claude Vincent,
Seigneurs de Vaux, Champs &
les Ports, Servan, Montihault,
& la Villette, presens assistés du-
dit Maître François Loyset, leur
Procureur. Dame Jacqueline de
Vezigneux, Dame de Courson
le Châtel, par Maître Roboam
Mousleau son Receveur, assisté
de Maître Nicole Bargedé son
Bailli : Arthus d'Assigni Ecuyer,
Seigneur de Molins, par ledit
Vincent, & Maître François
Coquart, ses Avocat & Procureur : Charles de Maugarny
Ecuyer, Seigneur de Saulcy pour
le tout, & des droits seigneu-

riaux de la Terre de la Châtellenie de faint Morice, tant audit
nom que comme propriétaire du
droit afferant à Pierre Bloffet
Ecuyer, Vicomte de Sens, ufu-
fruitier des droits feigneuriaux
de ladite Châtellenie en partie,
& encore comme Procureur de
Maître Robert Bloffet, Chanoine de Lizieux, Seigneur en partie des droits de ladite Châtellenie, & encore pour ledit Maugarny Seigneur d'Ifles, à caufe de
Damoifelle Marguerite Bloffet fa
femme, tant en fon nom que
comme donataire de partie defdits droits, par ledit le Roi;
Guillaume le Roi Ecuyer, Seigneur de la Grange aux Rois, Vau-
villon, & des Berthelors, par
Maître François le Roi : Maître
Jean Minager, Elû de Sens, Seigneur d'Ormoy & du Frefne, par
ledit Tillon: Germaine de Pouc-
ques, veuve de Guillaume Barrault ; & François Petit-fou, Sei-

gneurs Châtellains de Thorigny ,
ledit Petit-fou prefent , & laditet
veuve par ledit Thierriat , & ledit Maître Louis Barrault : Damoifelle Marguerite David, veuve de feu Olivier de Chamfre-
neux , Dame de la Breulle les
Barres , Sambreves & Molor , par
ledit Richer : Maître Guillaume
du Broc , Seigneur des Granges ,
en la Paroifle de Seully prefent :
François Petit-fou Seigneur de
Bonon prefent , affifté dudit Barrault : les Doyen , & Chapitre de
faint Hilaire le grand de Poitiers,
Seigneurs de la Terre & Châtellenie de Longletz , par Maître
Edme Tribole : Damoifelle An-
toinette d'Angleure , veuve de
feu Leonard de Prades , & Philippes de Duyfant , à caufe de Damoifelle Marguerite de Prades fa
femme , Seigneurs pour la troifiéme partie de la Terre & Châtellenie d'Ouyne , par ledit Armant : Noble homme Maître

Germain Chevalier, Seigneur de Migniers, present : Noble homme Maître Helye le Bryois, Lieutenant Particulier au Bailliage d'Auxerre, Seigneur de Vau-Robert & ses appartenances present : Jean d'Augulby Ecuyer, Seigneur de Drigny, par Maître Claude Vernillat : Gabriel de Bruillard Ecuyer, Seigneur de saint Cire, par Maître Jean Tronche : Jacques de Vervillat, Etienne l'Alement Ecuyers, & Jean le Muet, Seigneurs de Basarne, en Verziois, par ledit Vervillat : Noble homme Alain Mulot, Seigneur de Colombier, par ledit Bergerat : Philibert de Damas & Christophe de Villemort, Seigneurs en partie de saint Cire, par ledit Taffinau leur Procureur : Claude d'Apoigny & Germain Boirot, à cause de Marie d'Apoigny sa femme, Seigneur d'Asnieres en partie, presens : Jean de la Chasse, Seigneur en partie de Blaunay,

par Maître Claude de la Chasse
l n fils, assisté dudit Barrault :
Maître Alexandre le Gruyer, &
Marin de Dinteville, Seigneurs
de saint Bris, par Maître Jean
Tronche : François de la Porte &
Jean du Pin, Seigneurs de Soley-
nes & de Venoy, par Jean Cochon leur Receveur : Jean Lau-
verjat Seigneur de Nanteau & de
Creuzy, par Maître François Loyset son Procureur : François de
l'Hospital Ecuyer, Seigneur de
la Mothe Jousseran, par Maître
François le Roi son Procureur :
Messire Joachim de Roussy Chevalier, & Jacqueline le Roi veuve de feu Henri de Roussy, Seigneurs de Grand-champ, par Maître Etienne Fermer, & ledit Robinet leur Avocat & Procureur :
Messire Louis Picot Chevalier,
Seigneur de Courson la ville en
partie, & de la Chapelle, & Vil-
lepot, par Maître Edme Vincent
son Avocat & Bailli : Jean du

Chefnoy Ecuyer, Seigneur de Neufuy fur Loire, par Maître Claude Barrault & Jacques Coillault fes Avocat & Procureur: Damoifelle Guillemette de la Chaffe, Louis Jean & Nicolas de la de, & Damoifelle Jeanne de la Borde, Seigneurs de Maigny, par ledit Marmaigne & Barrault leurs Procureur : Noble homme Maître Pierre Pinard Maître des Comptes, Seigneur de Vincelles, par ledit d'Aubuz : Noble homme Maître Claude Guyot Seigneur de Charmeaux, auffi Maître des Comptes en perfonne : Robert de Chaillou Ecuyer Seigneur d'Eftrify & de la Terre faint Morice en partie, prefent, affifté de Maître Jean Genet fon Procureur : Jean de Pernai Ecuyer, Seigneur de Seuly, Maigny, Ferrieres & la Fibouze, par ledit Felix: Claude de la Borde Ecuyer, Seigneur de Mouffi & de Serain en partie, prefent : Denis d'Eftampes Ecuyer, Seigneur de Pêtau & de Miseri en partie, present, assisté dudit Robinet : Balthasard de la Borde Ecuyer, Seigneur de la Chesnaye, & de Serain en partie present, assisté dudit Robinet : Philippe de Montherly Ecuyer, Seigneur d'Espigneau, par Maître Philibert le Muet : ledit le Muet en son nom & pour Jean le Muet son frere, Seigneurs de la Terre d'Ardeau presens : Noble homme Maître François de la Fontaine, Lieutenant Criminel d'Auxerre, & François de Marcei, Seigneurs du Petit Monctau, presens, assistés dudit Thomereau : Rogerin Blosset Ecuyer, Seigneur en partie de saint Morice, present : Antoine de Boisselet Ecuyer, Seigneur de la Cour en partie, & du Bois Tasché, present: Arthus de l'Enfernat Ecuyer, Seigneur de la Mothe-Prenoy, present : Noble homme Claude Leger, Seigneur de la Scelle sur

Loire en partie & Aymeofche , par ledit Thomereau : Damoiselle Jeanne Dupré veuve de feu Jean Tronçon , Dame de la Brosse-Maulgis sous voye & de la Grange du Bois , par Maître Gabriel Thierriat & Noël Robinet ses Avocat & Procureur : Robert de Beauvais Ecuyer , Seigneur en partie de la Châtellenie de S. Morice Thirouaille present : Jean de Marçay Ecuyer , Seigneur de la Mothe , de Marçay au lieu d'Appoigny present : Sebastien de Marçay Ecuyer, Seigneur du Souchet, Paroisse de Branche present : Damoiselle Renée de Precy , veuve de feu Charles Blosset , en son vivant Ecuyer , Seigneur Châtellain de la Châtellenie de saint Morice Thirouaille , tant en son nom que comme ayant la garde noble de Lazare Blosset Ecuyer , Seigneur dudit saint Morice , & de Loup Blosset ses enfans , par ledit Villon : Damoiselle

Agnès Lionnet, Dame d'Arthe,
Maulmont, Maurepas, & en partie la Joufniere, par ledit Robi-
ne : Louis de l'Enfernat Ecuyer,
Seigneur de Marnay & de Pê-
tou , en partie prefent Louis de
faint Pere , Seigneur en partie
de Breugnon , & Damoifelle Huguette de Courtignon , Dame
pour l'autre partie dudit Breugnon, par Maître Jean Bellaut
Prêtre , & ledit Bergeat , Procureurs : Maître Pierre de Vervei-
ne , Juge de Vezelay Seigneur
de Villeprenay & de Ruelles, en
partie, prefent : Edme de Bou-
lengers, Ecuyer , Seigneur de
Villeneuve fur Befchay , de la Paroiffe de Venouffe, prefent : Pierre de Laduc, Seigneur de Vieux-
champs, prefent : Hervé du Pé,
Seigneur Châtellain de la Bruyere
lez Tonnerre, par ledit Barrault
fon Procureur : Les Seigneurs de
Montigny le Roi , Soulli , Mery
& le Refte par ledit Barrault :

Germain Barraut Seigneur de Duenne prefent : Nicolas l'Aleman Seigneur de Cury prefent, baillifté dudit Barrault : Damoifelle Perrete de faint Qentin, veuve de feu Philippes de Carroubles, tant pour elle, que fes enfans, Seigneurs de Chafli, Fourronne & Agnus en partie, par ledit Barrault fon Procureur : Noble homme André Lamoignon, Seigneur des Avis, par Maitre Hugues Menebroc fon Procureur : Noble femme Marie Boucher Dame en partie d'Efcolives, par Maitre Jean Collot fon Procureur : Noble Seigneur Meffire François de Mung Chevalier, Seigneur de Linfeq, Beaunoix, Perchin & Montrepare, par Richard fon Procureur, fondé de procuration fpecialle du 20 Septembre 1560, déclare qu'il veut proceder ainfi que les autres Gentilhommes circonvoifins.

Auffi font comparus les Officiers du Roi, Praticiens dudit Bailliage: sçavoir Maître Pierre le Bryois, Lieutenant Géneral au Bailliage d'Auxerre, & Président au Siége Présidial dudit Auxerre ; François de la Fontaine Lieutenant Criminel, Helie le Briois, Lieutenant Particulier, Germain Delyé, Jean Pyon, Claude de Franay, Eusebe Ferroul, Claude le Clerc, François Legeron, Guillaume de la Porte, & Edme Bargedé, tous Conseillers & Magistrats audit Bailliage & Siege Présidial ; Maître Etienne Sotiveau, Claude d'Heu, Avocat & Procureur du Roi audit Bailliage & Prevôté d'Auxerre, Maître Jacques Chrestien Greffier audit Bailliage & Siege Présidial ; Maître Jacques Challemaux, Prevôt d'Auxerre, & Edme Vincent, Lieutenant en ladite Prevôté ; Maître Pierre Goureau, Greffier en ladite Prevôté ; Maîtres Claude Rosselet & Jean Remon, Commissaires

&

& Enquêteurs audit Bailliage : Maître Etienne Davyet, Laurent Chreſtien & Adrian Legeron, Elûs d'Auxerre : Maître Claude Ferroul, Greffier en ladite Election & Magazin: Maître Claude-Charles Gruyer ; Jean Foucher, Lieutenant en la Gruyerie ; Pierre Fouldriat, Grenetier d'Auxerre ; Jean Joſmier, Procureur du Roi en ladite Election & magazin, & encore Voyer pour le Roi audit Lieu : François Pyon Controlleur , Drouet Symonnet Receveur du Domaine du Roi : Germain Symonnet, Controlleur dudit Domaine : Germain le Joux , Receveur & Payeur des gages dudit Siege Préſidial : François le Prince, Receveur des deniers caſuels : Germain Bourgoin, Garde du Scel aux Cauſes dudit Bailliage : Maître Edme Tribole, François le Roi, Louis Barrault, Pierre le Clerc, Regnault Petit, Jean Rouſſe, Nicolas Royer , Jean

Q

Taffinau, Jean Petit, Germain Boyrot, Pierre Armant, & Laurent Guillot, tous Notaires Royaux audit Auxerre : Maîtres Claude Berault, Jean Cochon, Claude Morlon, Philibert le Muet, Germain de la Court, Germain le Clerc, Etienne Fermer, Gabriel Thierriat, Nicole Bargedé, Jacques Moreau, Guillaume du Broc, Nicole de Mareul, Nicole Gaschot, Germain Rosselet, Louis Girardin, Germain de Coiffy, Edme Bougault, Etienne Jambe, Germain Cochon, Lazarre le Roy, Philbert Grasset, Louis Charmoy, Nicolas Remon, Philbert Boucher, Palamedes Goreau, Jean Cochon le jeune, Jean Delyé, Pierre Charles, Nicole Chacheré, Edme de la Vau, Nicolas Tribole, Germain Barlot, Edme Lalouat, Louis le Clerc, & Bon Bourgoin, tous Avocats audit Bailliage: Maîtres Henri le Clerc, Nicolas Moreau, Simon Perru-

chot, Jean Charles, Pierre Cha-
cheré, Edme Tribole, Guillaume
Lefloré, Jean Tronche, Jacques
Sauliot, Jean Jannequin, Noël
Robinet, Claude Thomas, Clau-
de le Seurre, Jean Dany, Edme
Ferroul, Jean Gaultier, Fran-
çois Armant, Louis Marie, Pier-
re Thierri, Hugues Menebroc,
Claude Guillon, Baptifte Berge-
rat, Germain Thomas, Claude
Rouffeau, Germain Mamerot,
François Fauchot, Jean Foucher,
Jacques Felix, Louis Ancelot,
Claude Marmeigne, Etienne Be-
rault, François le Roi, Nicole
Boyrot, Jean Villon, Louis Bar-
rault, Pierre le Clerc, Pierre Dau-
buz, Jacques Coillau, Hugues du
Voyer, Jean Richard, François
Thorel, Jean Mymard, Jean Richer, Jean Faulchot, Pierre Regnault, Claude Vernillat, François Loyfet, Claude Thomereau,
François Coquard, Germain Tri-
bole, Edme Liger, Nicolas Royer,

Jean Rouſſe , Pierre de la Court ,
Jean Delyé , Jean Colot , Claude
Thibe , Paſchal Thorinon , Jean
Genet , Jean Petit , Germain Boy-
rot & Jean Taffineau , tous Pro-
cureurs audit Bailliage & Siege
Préſidial d'Auxerre preſens.

Et pour le Tiers Etat ſont comparus pour les manans & habitans
de la Ville d'Auxerre & Fauxbourgs d'icelle , Maître Germain
Chevalier, Germain Boyrot Gou-
verneurs : Maîtres Etienne Jambe, Jean Guillaume, Antoine Bri-
chellet , Jean Seurrat , Germain
de la Faye , Germain Quenart ,
Claude Lamy, Thomas Thierriat,
Michel Regnard , Jean Bertrand,
Pierre Miquelet Echevin de ladite ville d'Auxerre , & Maître
Pierre le Clerc leur Procureur: les
manans & habitans de Chample-
mys , par Eſaü Amyet & Etienne
Getat, Procureurs du fait commun , aſſiſtés de Maître François
le Roi leur Procureur: les manans

& habitans de Blannay par Jacques Felix leur Procureur : les
manans & habitans de Poilly par
Pierre Vamereau & Jean Benoît
fils de Colas, par ledit Vernillat :
les manans & habitans de Che-
vannes par Claude Dyvollé & Edme Thiennot, affiftez dudit Maître Jean Collot : les habitans de
Moulins lez Toucy, par François
Queftier Procureur du fait commun, affifté dudit Vernillat : les
habitans de Villefargeau, par
Jean Verain, Jean Macheavoine
& Edmon Chenu, affités dudit
Felix : les habitans de Fourronne
par Pafquet Paris, Procureur du
fait commun dudit Lieu, affifté
de Maître Pafchal Thorinon : les
habitans de Migé par Pierre le
Maître & Etienne Dalin, affifté
dudit Daubuz : les habitans de
Vaux fur Yonne par Angilbert,
affifté dudit Daubuz : les habitans de Leugny par Maître Germain Cochon, Avocat & Procu-

reur defdits habitans : les habitans de Molefmes lez Courfon,
par Jean Gerbault Procureur du
fait commun, affifté dudit Cochon leur Procureur : les habitans de Vilmer, par Germain Lamy & Phelizot Martin, Marguilliers, affifté de Maître Etienne
Berault leur Procureur : les habitans de Baffou, par Jean Paillard
& Martin Bonnerot Procureurs &
Marguilliers, affiftés de Maître
Jean Richer : les habitans de Dracy, par Emard Maubué, affifté
de Maître Claude Thomereau : les
habitans de Fontaines, par Guillaume Bidon, Procureur du fait
commun : les habitans de Quêne
& Nangis, fur & fous voyes par
Jean Robert & Etienne Contat,
Procureurs du fait commun : les
habitans de Grand-champ par
Pierre Prevôt, l'un des Procureurs du fait commun : les habitans de la Selle fur Loire par
Edmon Fillard, affifté de Maître

Claude Thomereau : les habitans
de Rebourſeau, par Jacques Ro-
bin, l'un des habitans, aſſiſté de
Maître Edme Tribole : les habitans de Fontenay en Puyſaye, par
Julien Belin, Procureur du fait
commun : les habitans de Sementeron, par Jean Caſſelin, Procureur du fait commun : les habitans de Lenys, par Etienne Pinard, Procureur du fait commun :
les habitans de la Broſſe-conche,
par Antoine le Cointe, Procureur
du fait commun : les habitans de
Voultenai, par Jean Morinard,
Procureur du fait commun : les
habitans d'Epineau lez Voulves
& Vaugines, Paroiſſe dudit Epineau, par Jean Blanchard & Etienne Hervin, aſſiſté dudit le Clerc :
les habitans de Perreuſe, par
Maître Louis Fabre & Simon Bro-
chet, aſſiſté dudit Maître Jean
Villon leur Procureur : les habitans de Thorigny, par Antoine
Preaudeau l'un des Procureurs,
aſſiſté dudit Villon : les habitans

de Bâles, par ledit Villon : les ha-
bitans de Saint Maurice le vieux,
par ledit Villon : les habitans de
Mify, par ledit Villon : les habitans
de Saint Maurice Thirouaille, par
Maître Jacques Brifant & Pierre
Girard, affiftés dudit Villon : les
habitans d'Appoigny par ledit
Villon ; les habitans de Saints en
Puyfaye, par Odot Canyvet, Procureur Marguillier, affifté dudit
Villon : les manans & habitans de
la Ville de Vezelay , par Maîtres
Jean Chalmeaux, Sebaftien Ca-
neau Licentié ès Loix , & Maître
Claude le Begue Procureur du fait
commun de ladite Ville ; & encore les deffufdits comparant pour
les habitans de Saint Pierre d'Af-
quien, Montelvot, Broffée, Fon-
teville, Cray & Chamo , comme
étant de la porte dudit Vezelay :
les habitans de Mouffy , par Germain Gautier, Bonnet, Beaulieu,
Martin Thomas, affiftés dudit le
Clerc : les habitans de Breugnon ,
la Tour & Villames , par lefdits

Armand & Berault, les habitans
de Bolly près le mont Saint Sulpice, par Jean Brenot & Edmon
de Plene Procureurs & Marguilliers dudit lieu, aſſiſtés dudit Richer : les habitans de Coullan-
geron, par ledit le Clerc : les habitans de Chaſly en la vallée d'Aillant, par Jean le Chin, fils de Guil-
lemin, aſſiſté dudit Armant : les habitans de Saint Pere du Mont, par
Guillaume Bureau & Guillaume
Michau le jeune : les habitans de
Saint Amand par Phelippot Roi ,
Procureur du fait commun , aſſiſté dudit Torignon : les habitans
de Chichery par Jean Daugny &
Jean de Remilly , Procureurs du
fait commun , aſſiſtés de Maître
François Loyſet : les habitans de
Fontenay près Fourronne , par
Fiacre Grenois , & Claude Bru-
notte Marguilliers , aſſiſtés dudit
Vernillat : les habitans de Joux ,
par Guillaume Rameau & Maître
Jean Foucher leur Procureur : les

habitans de Vaux & Champs , par
Etienne le Beau , Etienne Rave-
neau & Etienne Guillot , affiftés
dudit Daubuz : les habitans de
Vermenton , par Jacques Gara-
che & André Bouron Marguilliers , affiftés dudit Daubuz : les
habitans d'Afnieres par Simon
Marefcheau , Procureur defdits
habitans , & Drouet Nigot , Re-
ceveurs des Seigneurs dudit Afnieres : les habitans de Collanges fur Yonne , par Maître Martin Beauquefne & Geoffroy Boul-
lin affifté dudit le Clerc : les manans & habitans de Donzy , par
Pierre Saget leur Procureur du
fait commun , affifté dudit Barrault : les habitans de Valan par
Jacques Chartier Procureur du
fait commun , affifté dudit Daubuz : les habitans d'Augy , par
Morice Borne & Simon Gaftron
Marguilliers , affiftés dudit Barrault : les habitans de Parly , par
Simon Roy Procureur & Mar-

guillier , affiſté de Maître Jacques
Coillaut : les habitans de la Ville
& Paroiſſe de Thoucy par Maître
Jean Moreau Procureur & Echevin du fait commun de ladite Ville , affiſté dudit Coillaut : les habitans de Liſcheres , par Maître
Hugues Menebroc leur Procureur : les habitans de Saint Cyr ,
par Etienne Petit Procureur du
fait commun dudit lieu , affiſté dudit Taffineau : les habitans de Prey,
par Jean Matrys, & Brunet Rabut
& Brunet Tillin, Procureurs du fait
commun dudit lieu : les habitans
de Cravant , par Maître Jean Bardin Juge dudit lieu , & Jean Bre-
ton Echevin , affiſtés de Maîtres
Claude & Etienne Berault leur
Avocat & Procureur : les habitans de Gy l'Evêque , par ledit
Villon : les habitans d'Ouanne ,
par Jean Benardin, Procureur dudit lieu : les habitans de Givry &
Paroiſſe Duelles , par Simon Bo-
chelu , affiſté de Maître Hugues

Duvoyer leur Procureur : les habitans de Merrisec , par Jean Davau & Jean Godard Procureurs dudit lieu, assistés de Maître Claude Thomereau leur Procureur : les habitans de Soyeres & Pesselieres, par ledit Marmaigne : les manans & habitans de Saint Martin sur Ocre , par ledit Maître Claude Vernillat : les habitans de Sainte Palais , par ledit Vernillat : les habitans de Precy - le-Secq , par Toussaint Bombard habitant dudit lieu , assisté dudit Vernillat : les habitans du Bourg Saint Amatre lez Auxerre , par Antoine Ravet, & Pierre Chauvet , Procureurs du fait commun , assistés dudit Vernillat : les habitans de Sery , par Germain Geffron & Edmon Chalmeau, assistés dudit Vernillat : les habitans de Trucy sur Yonne, par Laurent & Jean Robiers, assistés dudit Vernillat : les habitans de Mailly-la-Ville , par Edmon Bardin & Sebastien Bardin,

din, affiftés dudit Vernillat : les
habitans de Tingy, par Jean
Alard, Procureur de la Fabrique,
affifté dudit Vernillat : les habitans de Prilly, par Germain Cha-
pillon, Jean Benoifte, & Pierre
Vaucereau Procureur de la Fabrique, affiftés dudit Vernillat : les
habitans de Feftegny, par Pierre
Gorget & François Proreo Procureurs, affiftés dudit Vernillat :
les habitans de Fontenailles, par
Jean Berthin & Jean Hannequin,
affiftés dudit Vernillat : les habitans d'Oudan, par Pierre Poul-
lard Procureur, affifté dudit Vernillat : les habitans de Corvol
Dambenard, par Eugin Veau,
Procureur du fait commun, affifté dudit Vernillat : les habitans
de Courcelles, par Pierre Per-
reau habitant, affifté dudit Vernillat : les manans & habitans de
Beffy, par Maître Jacques Colon,
Lieutenant du Bailliage de Vezelay : les habitans de Varzy, par

Jean Maulvoir, & Pierre Chauldot, affifté dudit Fernier leur Avocat : les habitans de Quincy en Varziois, par Denys Longeron : les habitans de Neufvy, par ledit Torinon : les habitans de la Chapelle Saint André , par Maître Claude Thomas leur Procureur : les habitans de la Lande Saint Marceau , par Remond Lallier & Guillaume Guillemeau habitans : les habitans de Peftaul & du Village de Chafly en la valée d'Aillant , par ledit Armant : les habitans de Changy , par ledit Maître Baptifte Bergerat : les habitans de Vincelottes, par ledit Bergerat : les manans & habitans de la Ville de Chitry , par Pierre Movin & Jean Biron Procureurs & Syndics, affiftés dudit Barrault : les manans & habitans de Bagnaulx lez Donzy, par ledit Barrault , les manans & habitans de Saint Malou, par Pierre Carré , Procureur Fabricien dudit lieu , avec Maître Jean

Richard son Procureur : les manans & habitans de Saint Cyr lez-Entrain , par Jean Bernace , Procureur Fabricien avec ledit Richard son Procureur : les manans & habitans de Sainpuys par ledit Richard : les manans & habitans de Lainsecq , par ledit Richard : les manans & habitans de Thury , par ledit Richard , avec Julien l'Enfant Procureur Fabricien dudit Thury: les manans & habitans de Cram, par ledit Richard: les manans & habitans de Menestereau , par Germain Carrillat , Procureur du fait commun avec ledit Richard.

En procedant ausquelles comparutions , & à l'appel des dessusdits comparans, ont été par aucuns d'eux ci-après nommés , faites les remontrances & protestations qui suivent.

Par lesdits Mocquot & Tribole pour ledit Duc de Nivernois , a été dit , qu'à tort ledit Seigneur

Duc, & ſes ſujets vaſſaux, & autres manans & habitans des Villes & Pays de Donziois, membres de ſon Duché de Nivernois, ont été appellés à la rédaction & homologation des Coutumes du Bailliage d'Auxerre, d'autant qu'ils ne furent onques regis & gouvernés par icelles : ains de toute ancienneté, excedant la memoire des hommes, ledit Pays de Donziois Villes & enclaves d'icelui, a été poſſedé, avec le Duché de Nivernois, par même & ſeul Seigneur, en titre de Pairie, qui a reglé, conduit & regi par mêmes Loix, Stiles, Uſances & Coutumes, qui ſont les Coutumes de Nivernois, tous leſdits Sujets habitans, tant dudit Nivernois que Donziois, leſquels d'un commun accord, jugement & volonté, les ont enſemblement reçuës, approuvées & retenues, s'étant de longue main, par un taiſible & commun conſentement à icelles,

affujettis & obligés mêmement
l'année 490 : le Duc de Brabant
Comte de Nevers, Baron de Donziois , Pair de France autorifant
ledit accord, fit affembler les trois
Etats defdits Pays de Nivernois
& Donziois en la ville de Nevers;
& du vouloir & confentement d'i-
ceux , fit rediger & accorder les
Coutumes dudit Pays , qui furent
enregiftrées dès ledit tems aux
Greffes des Bailliages d'iceux
Pays , & imprimées en la ville de
Paris , dès l'an 1503 , fous ce Titre de *Coutumier des Pays de Ni-*
vernois & Donziois , fait par af-
femblée des trois Etats , & par
autorité du Prince defdits Pays. Et
felon les Articles y redigés , fe
font lefdits Vaffaux , fujets , manans & habitans defdits Pays ré-
gis & gouvernés; & tous leurs différends tant par devant les Juges
dudit Pays qu'en la Cour de Parlement , ont été par Jugemens
contradictoires vuidés & déter-

minés selon le contenu ausdits Articles. Depuis combien que par le moyen d'un partage qui se fit entre feue Madame de Nevers, Marie d'Albret & Madame de l'Autrec sa sœur, le Duché de Nivernois advint à l'une, & le Pays de Donziois à l'autre ; toutefois leurs sujets demeurerent encore unis en l'observation de mêmes Coutumes, & ne s'en sont point départis les habitans de Donziois : ains perseverant sous la conduite & reglement d'icelles, ont toujours continué à en user & s'y soumettre, & selon icelles, ont toujours persisté à en être regis & jugés en toutes leurs affaires, comme encore ils font ; louant, ratifiant, & approuvant de jour en jour lesdites Coutumes : & néanmoins sitôt que ledit Pays de Donziois est retourné à même Seigneur, & revenu audit Seigneur Duc de Nivernois dont il avoit été séparé par le moyen dudit partage, *quasi quodam poftlimio*, il a été réuni, rétabli & reftitué en même natu- re, condition & qualité qu'il étoit auparavant, tellement que le feu Roi Henri, par Edit publié & ve- rifié, le Procureur Général oüi, en la Cour de Parlement le 23 Mai 1552, auroit, en declarant ladite réunion, ordonné qu'ice- lui pays feroit tenu par ledit Seigneur Duc en mêmes droits, titres, privileges, prérogatives & prééminences, que le principal chef du Duché de Nivernois : & à ce que la conformité fut plus grande, il auroit icelui Pays, en tant que befoin feroit, uni & in- corporé audit Duché de Niver- nois, pour être tenu fous le feul nom de Duché de Niver- nois, & être regi & gouverné par mêmes Loix, Stiles & Coutumes, Juges & Officiers ; ce qui auroit été exécuté par un de Meffieurs de la Cour, du confentement de tous les fujets, Villes & habitans

du Donziois. A ces caufes, à tort
ont-ils été appellés pour être compris en l'homologation & redaction de la Coutume d'Auxerre,
qui ne les concerne en rien, &
dont ils ne font fujets : ne pou-
vant être contraints, changer &
faire fi foudaine mutation des
Coutumes, aufquelles dès fi lon-
gue-main, eux & leurs prédecef-
feurs fe font affujettis, tenus &
arrêtés : & ne peut-on dire que
notre Commiffion fe puiffe éten-
dre audit Pays de Donziois ; &
que l'Ordonnance voulant qu'en
chacun Bailliage les Coutumes
d'icelui doivent être reformées,
qu'il faut que ledit Pays de Donziois étant du Bailliage d'Auxerre
& ancien reffort d'icelui y foit appellé. Car en premier lieu, ledit
Pays ne fut onques compris ès enclaves dudit Bailliage, ni éclipfé
ou diftrait d'icelui : ains il a toujours eu Juftice & Bailliage principal de par foi diftinct & féparé

de celui d'Auxerre, reſſortiſſant
mêmement en la Cour de Parlement : quoique ce ſoit par devant
les Juges de la Pairie, & d'eux
en ladite Cour. Et n'eut onques le
Bailly d'Auxerre reſſort ordinaire
ſur ledit Pays. Vrai eſt qu'il a
voulu prétendre qu'il avoit quelque délégation *ad certum genus
cauſarum* ſur les habitans dudit
Pays, à ſçavoir pour la connoiſſance des cas royaux ; mais cela
n'infere qu'il ſoit membre & faſ-
ſe partie du Reſſort & Bailliage
d'Auxerre, d'autant que cauſes
deleguées ne ſont propres ou ordinaires au Juge qui eſt delegué :
à cette cauſe ſeroit incompétance
d'entreprendre la redaction des
Coutumes dudit Pays, qui ſont
autres que celles du Comté &
Bailliage d'Auxerre ; & encore
par ledit Edit publié en ladite
Cour, le Bailly de Saint Pierre le
Moutier eſt Juge des cas royaux
dudit Pays, & non le Bailly d'Au-

xerre. Davantage quand ledit
Donziois eût été autrefois du
Bailliage d'Auxerre ou du reſſort
d'icelui (que non,) ſi eſt-ce que
l'Ordonnance n'aſtraint pas tous
les endroits d'un Bailliage à ſe re-
former à une ſeule Coutume : ains
dit ſimplement qu'il eſt ordonné
que les Coutumes de tous les Pays
de ce Royaume feront reglées &
accordées par les Gens de chacun
deſdits Pays, & apportées ès Cours
Souveraines pour être decretées
& confirmées. Or, n'eſt-il incon-
venient que ſous même Bailliage
il y ait divers Pays uſans de di-
verſes Coutumes, comme l'on voit
que ſous la plupart du Bailliage
de Berry eſt obſervée la Coutume
de Montargis. Ne pourroît nuire
audit Seigneur Duc, ſi aucuns particuliers dudit Pays de Donziois
conſentoient être reglés par la
Coutume d'Auxerre : car outre ce
que les particuliers ne peuvent
faire préjudice à l'univerſel & pu-

blic, encore ne peuvent les sujets par tels consentemens alterer les droits acquis par les anciennes Coutumes aux Seigneurs : mêmement audit principal Seigneur du Pays, lequel pour cela, comme pour dénegation des droits, pourroit conclure à la confiscation & commise de ses Fiefs, dont il a fait protestation, par ces moyens auroit ledit Seigneur Duc conclud à ce qu'il fût par nous dit qu'il & lesdits habitans dudit Pays ont été mal, follement & incompetamment appellés pour la redaction desdites Coutumes, & soit dit qu'ils seront licentiés & renvoyés avec dépens, dommages & intérêts.

Et par lesdits Avocat & Procureur du Roi audit Bailliage & Prevôté d'Auxerre, a été dit & soutenu que lesdits manans & habitans de Donziois, ont été bien & dûment appellés à la rédaction & homologation desdites Coutumes, comme ayant ledit Pays de

Donziois été de tout tems regi &
gouverné selon la Coutume ancienne dudit Bailliage d'Auxerre,
auquel ledit Pays est ressortissant.
Aussi que par les Lettres Patentes
du Roi, & sur lesquels avons dé-
cerné nos commissions, & telles
qu'elles ont été ci-devant publiées, Nous est mandé convoquer & appeler les trois Etats de
ce Bailliage, pour voir par Nous
proceder à la redaction & homologation desdites Coutumes: qu'il
est notoire que la Baronie de
Donziois & Terres qui en dé-
pendent, ensemble la Baronie de
Saint Verain, Beauche, & Château Sensoy, distinctes & sépa-
rées dudit Pays de Donziois, sont
du ressort de ce Bailliage, lesquels
Pays, Terres & Seigneuries, sous
correction du conseil dudit Seigneur Duc, ne sont & n'ont jamais
été des enclaves du Duché de Nivernois; que s'ils ont été possedés
par un même Seigneur, ç'a été *di-*
versis

verfis titulis & refpectibus. Qu'il
foit ainfi, fçait ledit Sieur & fes
Officiers que d'ancienneté lefdites
Baronies de Donziois & la Seigneurie de Saint Verain à lui é-
cheûes par la fucceffion collatéral-
le de Madame Claude de Foüez,
héritiere de feu Henri de Foüez,
Dame de Martigues, fouloit ref-
fortir en tous cas par devant le
Bailli de Sens, ou fon Lieutenant,
en fon Siége de Villeneuve-le-
Roi, que faifant par feu de bonne
mémoire les Rois Charles - le -
Quint, & Louis onziéme, l'érection
& établiffement de ce Bailliage
d'Auxerre qui fut fait par Lettres
de Chartres, paffées en forme de
contrat onereux, lefdits Seigneurs
Rois ordonnerent que ladite Baronie de Donziois & Seigneuries
de Saint Verain & Château-San-
foi, entre-autres Terres & Seigneuries, reffortiroient audit Bailliage d'Auxerre: que fur l'empêchement qui avoit été fait à l'exé-

cution dudit établissement y a eu
plusieurs procès décidés & terminés par Arrêt de la Cour de Parlement dès trente-six ou quarante
ans sont, par lequel en confirmant
ledit établissement dudit Siége ,
ont été lesdites Terres adjugées
pour être de la Jurisdiction dudit
Bailliage d'Auxerre : ce qui a été
executé réellement & de fait , dès
le tems que dessus ou environ,
contre les prédecesseurs dudit
sieur Duc , non comme Ducs de
Nivernois, mais comme Barons
dudit Donziois & Seigneuries
desdites Châtellenies, dès & depuis lequel tems les Officiers du
Roi audit Auxerre ont toujours
joui contre ledit sieur Duc, ses
Vassaux & Sujets , & connu en
tous cas de leurs causes & Procès
jusques à present. Voire que depuis la distraction qu'on a voulu
faire dudit Pays de Donziois pour
l'attribuer au Siége de Saint Pierre le Moustier , y a eu Arrêt au

Conseil pris avec ledit sieur Duc,
par lequel a été ordonné que ledit
Pays demeureroit du Sége Présidial d'Auxerre. Disent davantage
que sur l'union que ledit sieur
Duc a voulu faire, en vertu de
quelques Lettres Patentes du Roi
dudit Pays de Donziois en son
Duché de Nivernois, y a eu opposition formée de la part dudit
Procureur du Roi en ce Bailliage ;
laquelle opposition a été reçûe &
renvoyée à la Cour, en laquelle
ont été relevées plusieurs Appellations par lui interjettées, de ce
que nonobstant ladite opposition
auroit été passé outre, & la cause
étant appellée à l'Audiance de la
Grand-Chambre par trois ou qua-
fois, ledit Procureur Général du
Roi a pris la cause pour son Sub-
stitut audit Auxerre ; & pour ce
que le Conseil dudit sieur Duc
n'auroit voulu conclure, c'est en-
suivi Arrêt provisionel de ladite
Cour, par lequel a été dit & or-

donné que les Parties demeure-
roient en tel état, & jouiroient de
la Justice & ressort desdites Terres & Seigneuries en telle sorte &
maniere qu'elles faisoient auparavant ladite union, cause que
ladite union ne peut nuire ou profiter audit sieur Duc. Et à ce qu'il
dit que les Coutumes de Nivernois ont été par ci-devant accordées, tant par ceux de sondit Duché, que Baronie de Donziois &
autres Terres ci-devant décla-
rées, répondent lesdits Avocat &
Procureur du Roi, que lors desdites Coutumes redigées & homologuées, les prédecesseurs dudit sieur Duc n'étoient pour lors
Seigneurs dudit Pays de Donziois, qui a toujours eu son nom
& qualité de Baronie, distincts &
separés dudit Duché de Nivernois : voire que ledit Pays de
Donziois n'a jamais usé des Coutumes dudit Nivernois ; ains
d'autres diverses & non étant

enregiſtrées au Livre deſdites Coutumes. Diſent auſſi & ſou-tiennent qu'il n'eſt cas Royal plus grand que celui qui s'offre de preſent : car il eſt queſtion de ré-duire tout ce qui eſt du Reſſort & Juriſdiction du Bailliage d'Au-xerre en bonnes Loix & Coutu-mes, pour plus facilement con-duire les affaires & procès qui ſur-viendront en icelui Bailliage. N'y a auſſi plus grand bien que d'évi-ter aux longueurs & frais deſdits procès ; ce qui adviendra quand les Coutumes de ce Bailliage ſe-ront réduites & homologuées : & à ce moyen doit ledit ſieur Duc, ſes Vaſſaux & ſujets demeurant ès Terres & Seigneuries comme deſ-ſus, venir accorder par devant Nous, & voir réduire & homo-loguer par Nous leſdites Coutu-mes ; ou bien apporter les cayers des Coutumes dont ils ont uſé ci-devant, pour être enregiſtrés ſéparement & à part au Livre deſ-

dites Coutumes ; le tout fuivant
les Lettres Patentes du Roi, & nos
Lettres de Commiffion , dont par
deux diverfes affignations ledit
fieur Duc, fes Vaffaux & fujets
ont été fuffifamment avertis & in-
timés : tellement que fatisfaifant
par eux à notredite Commiffion ,
fera dit qu'ils garderont & ob-
ferveront les Coutumes de cedit
Bailliage.

Surquoi eu l'avis de l'affiftance , nous Commiffaires fufdits ,
avons ordonné que lefdits manans & habitans de Donziois feront tenus de garder & obferver
les Coutumes géneralles dudit
Bailliage d'Auxerre qui feront par
Nous redigées & arrêtées, nonobftant le dire & remontrances
defdits Mocquot & Tribole , lefquels audit nom ont proreffé d'appeller de notredite Ordonnance
en la Cour de Parlement.

Maître Etienne Yver Avocat
au Bailliage de Sens, Subftitut

du Procureur du Roi au Siége &
ancien Reſſort de Villeneuve- le-
Roi , au nom du Procureur du
Roi au Bailliage & Siége Préſidial de Sens,& des Maire & Echevins , Procureur & Receveur des
deniers communs d'icelle Ville ,
Nous a remontré que les Lieux &
Châtellenies de Saint Aubin ,
Château neuf , la ruë Saint Pere
au lieu de Villemer , Sainelay ,
le Mont Saint Sulpice , Rebourſeau , Ormoy , Hauterive , Boully & autres , les Seigneurs & habitans deſquels Lieux ont dit être
appellés pour aſſiſter à la rédaction deſdites Coutumes , ne ſont
& ne furent onques du Bailliage &
Coutumes d'Auxerre ; au contraire ont toujours été , comme ils
ſont encore de preſent , du Bailliage & Siége Préſidial de Sens ;
auquel leſdits habitans ont de
tems immemorial ſubi Juriſdiction , tant en premiere Inſtance
que par Appel , & leurs differends

& procès été reglés & terminés selon la Coutume du Bailliage de Sens : à sçavoir lesdits lieux de Saint Aubin , Château-neuf, la Ruë Saint Pere au lieu de Ville-mer , au Siége principal de Sens , dit lesdits lieux de Sainelay , le Mont Saint Sulpice, Rebourseau, Ormoy , Hauterive , Boully & autres au Siége de Ville-neuve-le Roi. Empêche audit nom de Pro-cureur pour les susdits par ces causes & autres que lesdits lieux , Seigneuries & habitans d'iceux & tous autres du Bailliage de Sens , & ancien ressort de Villeneuve-le-Roi , les Seigneurs & habitans desquels sont ou pourroient être appelés à la rédaction des Coutu-mes dudit Bailliage d'Auxerre , soient tenus comparoir , néan-moins soient compris en ladite ré-daction , & déclarés être dudit Bailliage d'Auxerre ou de la Cou-tume d'icelui ; & en cas d'insis-tance au contraire nous a requis

renvoyer le negoce par devant les
Gens tenant la Cour de Parlement, pour Parties ouies leur faire
tel appointement que de raison.
Et sur ce a remontré que les Pays
de Donziois, & ce qui est de l'ancien ressort du Bailliage de Sens,
au Siége dudit Villeneuve de present par Arrêt provisionel attribué
audit Bailliage d'Auxerre, est du
Bailliage & Coutume de Sens,
selon laquelle lesdits Pays ont été
reglés : & proteste quand le Roi
mettroit hors de ses mains le
Comté d'Auxerre, pouvoir requerir & poursuivre la réunion & re-
tour desdits Comté & Pays audit
Bailliage, Siége & ancien ressort
dudit Villeneuve : & encore ledit
Yver au nom & comme Procureur
des Maire, Echevins & Procureur dudit Villeneuve-le-Roi, a
dit & remontré que les Lieux &
Châtellenies de Sainelay, le
Mont Saint Sulpice, Rebourseau,
Ormoy, Hauterive, Bonart, Cha-

blis, Ligny-le-Châtel, Pontigny & autres Villes & Villages compris au dedans du Siége & ancien ressort de Villeneuve-le-Roi, les Seigneurs & habitans desquels Lieux ont dit être appellés pour assister à la rédaction desdites Coutumes d'Auxerre, ne sont & ne furent onques du Bailliage & Coutumes d'Auxerre, au contraire ont toujours été comme ils sont encore de present du Bailliage & ancien ressort dudit Villeneuve-le-Roi, auquel Siége & ancien ressort ont lesdits habitans de tems immémorial subi toute Jurisdiction tant en premiere Instance que par appel, & leurs differends & procès été reglés & terminés selon la Coutume du Bailliage de Sens. Empêche pour ces causes & autres audit nom de Procureur, que lesdits Lieux, Seigneurs & habitans d'iceux & tous autres dudit Siége & ancien ressort dudit Villeneuve-le-Roi, les

Seigneurs & habitans defquels
font été appellés à la rédaction des
Coutumes dudit Bailliage d'Auxerre foient tenus comparoir, &
foient compris en ladite rédaction, & declarés être de la Coutume du Bailliage d'Auxerre ; &
en cas d'infiftence au contraire,
nous a requis renvoyer le négoce
en ladite Cour de Parlement, pour
Parties ouïes leur faire tel appointement que de raifon : & encore a remontré audit nom que
les Pays de Donziois, Puyfaye &
ce qui eft du Siége & ancien reffort dudit Villeneuve, attribué de
prefent par Arrêt provifionel feulement audit Bailliage d'Auxerre,
eft du Bailliage de Sens, Siége &
ancien reffort dudit Villeneuve &
Coutume dudit Bailliage de Sens,
felon laquelle lefdites Parties ont
été reglées. Et protefte quand le
Roi mettra hors de fes mains le
Comté d'Auxerre pouvoir requerir & pourfuivre la réunion & re-

tour defdits Comté d'Auxerre &
Pays de Donziois & Puyfaye audit Siége & ancien reffort de Villeneuve-le-Roi.

A quoi par les Avocat & Procureur du Roi audit Bailliage
d'Auxerre, a été dit qu'à bonne &
jufte caufe, ils ont fait appeller
par devant nous les manans & habitans & gens des trois Etats des
Lieux & Châtellenies de Saint
Aubin, Châteauneuf, la Ruë Saint
Pere au lieu de Villemer, Sainelai, le Mont Saint Sulpice, Rebourfeau, Ormoi, Hauterive,
Boully & Pontigni, comme étant
du Reffort & Jurifdiction dudit
Bailliage & de tout tems & ancienneté regis & gouvernés fous
la Coutume d'icelui. Difent que
fur l'établiffement & érection dudit Bailliage y a eu Arrêt de ladite
Cour, donné contre ledit Procureur du Roi de Sens, par lequel a
été dit & ordonné que les Terres
& Seigneuries mouvans en Fief

du

du Comté d'Auxerre, & celles fi-
tuées & affiſes entre les rivieres
de Sevyn, Gure, Yonne & Loire, & encore celles étant de l'E-
vêché d'Auxerre feroient & de-
meureroient du Reſſort & Bailliage dudit Auxerre. Lequel Arrêt a été dûement exécuté contre
ledit Procureur du Roi de Sens &
autres y prétendant intérêt, il y a
quarante ans ou environ par feu
Monfieur Thiboult Conſeiller du
Roi en ladite Cour de Parlement.
Or, eſt-il que toutes leſdites Terres & Châtellenies font affiſes entre leſdites Rivieres, fors & excepté ledit Mont Saint Sulpice,
lequel avec les deſſuſdites Seigneuries eſt de l'Evêché dudit Auxerre, partant du Bailliage d'icelui, & non-feulement du Reſſort
dudit Bailliage ; mais auſſi ont ci-
devant été regis & gouvernés fous
les Coutumes d'icelui. Ont dit
auſſi que par l'érection dudit Bailliage, les Fiefs mouvans dudit

T

Comté d'Auxerre y ont été attri-
bués. Or, est-il que ledit Lieu
de Seignelai est l'un des Fiefs dudit Comté qui est toujours regi
& gouverné, & les susdites Seigneuries, comme dit est, sous ladite Coutume d'Auxerre. Disent
que si ledit lieu de Seignelai a été
quelquefois distrait du ressort dudit Bailliage, ç'auroit été à cause
des guerres qui ont été ci-devant
entre les Rois de France & Ducs
de Bourgogne, lesquelles dès long-
tems ont été. Et pour le regard
desdites Seigneuries du Mont
Saint Sulpice & Boully, elles
sont & ont toujours été non-seu-
lement dudit ressort & Bailliage
d'Auxerre, mais aussi regis & gouvernés sous la Coutume d'icelui,
dont y en a Arrêt exécuté comme
dit est, pour toutes les Terres &
Seigneuries susdites contre le
Procureur du Roi dudit Bailliage
de Sens. Que si les habitans desdites Seigneuries ou d'aucunes

d'icelles ont été appellés à la redaction & homologation des Coutumes du Bailliage de Sens, ils
n'ont dû prendre & recevoir la
loi de ladite Coutume de Sens,
ains celle dudit Bailliage d'Auxerre, à l'obfervation de laquelle
ont requis lefdits manans & habitans defdites Terres & Châtellenies être par nous aftrints.

Ledit Edme Triboule pour les
Doyen, Chanoines & Chapitre de
Saint Hilaire de Poitiers, Seigneurs de la Terre de Long-Retz,
& pour les manans & habitans de
ladite Terre; pour Meffire Edme
de Prye, Chevalier, Baron de
Toufly, pour les habitans de Saint
Laurent, l'Abbaye & les habitans
Darquien, a dit que lefdites Terres de Long-Retz, de Soufly, de
Saint Laurent & d'Arquien ont
été de tout tems regies & gouvernées felon la Coutume de Montargis dite de Lorriz, & à cette
caufe protefte que la comparition

qu'il aura fait pour les sufdits ne leur puisse en rien préjudicier.

Encore ledit Triboule pour lefdits Messire Henri de Malin Chevalier, Seigneur & Baron de Lucz & de Seignelay, pour un tiers de Hauterive & de Rebourfeau, a declaré lefdites Terres sujettes aux Coutumes du Bailliage de Sens, dit que dernierement en telle qualité il comparut à l'homologation des Coutumes dudit Bailliage de Sens, dit que de tout tems lefdites Terres ont été regies felon ladite Coutume, faifant les proteftations que deffus.

Ledit Villon pour ladite Damoifelle Renée de Preffy, tant en fon nom que comme ayant la garde noble des enfans d'elle & de feu Charles Bloffet fon mari, en fon vivant Seigneur en partie de la Terre & Châtellenie de Saint Maurice, a dit que ladite Terre & Seigneurie a été de tout tems regie & gouvernée fous la Coutume de Troyes en Champagne , & qu'elle a obtenu Arrêt en ladite Cour , par lequel a été ordonné que partage fe fera des biens de deffunt Nicolas Bloſſet, même de ladite Châtellenie de Saint Maurice, ſuivant la Coutume de Troyes.

Et par ledit Genet pour ledit Robinet de Chaillou , Seigneur en partie de ladite Terre de Saint Maurice , à cauſe de Damoiſelle Huberte de Bloſſet ſa femme , fille & héritiere en partie de feu Nicolas Bloſſet , a été dit que l'Arrêt allegué par ladite de Pieſſy ne peut préjudicier audit de Chaillou & ſa femme. Pour ce que contre ledit Arrêt ils ont obtenu requête civile ; ſurquoi les Parties ſont de preſent en procès. Et qu'au contraire ladite Terre de Saint Maurice a été de tout tems & ancienneté regie ſelon la Coutume dudit Bailliage d'Auxerre, auſſi que ladite Châtellenie eſt mouvante en plein Fief du Duc

de Nevers , à cause de son Château de Beauche , & que ladite
Terre de Beauche est mouvante
de l'Evêque d'Auxerre , qui en
fait la foi & hommage au Roi , à
cause de sadite Comté d'Auxerre.
Et lesdits Avocat & Procureur
dudit Auxerre ont dit avoir vû
le procès verbal de l'ancienne
Coutume du Bailliage de Troyes,
dans lequel n'ont trouvé que ledit Seigneur de Saint Maurice y
ait été appellé ni comparu. Partant , ont requis qu'il soit dit que
ladite Châtellenie sera regie &
gouvernée selon ladite Coutume
d'Auxerre.

Ledit Maître Claude Berault
Avocat audit Auxerre , & Bailli
de la Terre & Châtellenie de
Saint Amant & des Vaux d'E-
guillon a dit & remontré que dès
le mois d'Octobre dernier passé ,
à la premiere assignation qui fut
par nous Commissaires susdits,
donnée pour la redaction desdi-

tes Coutumes d'Auxerre, il reçut
procuration & mémoires de Dame Françoise de Maricourt, veuve de feu Messire Charles de Ro-
chechouart, en son vivant Chevalier Seigneur de ladite Terre &
Châtellenie de Saint Amant &
Vaux d'Eguillon, pour déclarer
au nom de ladite Dame, comme
ayant la garde noble des enfans
dudit défunt & d'elle, que partie
de ladite Terre & Châtellenie est
regie & gouvernée sous la Coutume de Montargis, & pour ce
que depuis Noël en ça ladite Dame est decedée, delaisse deux filles dudit deffunt & d'elle seulement, dont la plus aînée n'a encore atteint l'âge de dix-sept ans,
& depuis ne leur a été pourvû de
gardiens, tuteur, ni curateur,
ledit Berault a requis acte de sadite declaration pour servir auf-
dites pupilles, ainsi que de raison.

Ledit Etienne Berault, Procu-

reur pour lefdits Religieux, Abbé
& Couvent de Saint Pere-le-Vif,
a declaré & protefté que la com-
parution qu'il a faite pour & au
nom d'eux , comme Seigneurs
cenfiers & fonciers d'un climat de
Villemer , vulgairement appellé
la ruë de Saint Pere où ils ont
toute Juftice haute, moyenne &
baffe , Bailli , Prevôt, Sergens,
& autres Officiers , pour icelle
exercer fous leur nom ne leur
puiffe préjudicier , attendu que
ledit climat eft notoirement & de
toute ancienneté du reffort &
Bailliage de Sens, regi & gouverné fous la Coutume de Sens.

Par ledit le Roi pour Meffire
François de Courtenai , Chevalier , Seigneur de Bleneau & du
Couldrai , pour les Seigneurs de
Châtenay le-Haut , pour les manans & habitans de Courfon ,
pour Maître Ymber d'Anlezy ,
Seigneur de la Villotte près Touf-
fy : pour Charles de Montgarny ,

Ecuyer, Seigneur de l'Isle & de
Saulsai, & Damoiselle Marguerite Blosset sa femme, ayant part
aux Droits Seigneuriaux de ladite Seigneurie & Châtellenie de
Saint Maurice & propriété du
droit afferant à Pierre Blosset,
Ecuyer, Vicomte de Sens, usu-
fruitier des droits Seigneuriaux
de ladite Châtellenie en partie :
par Maître Robert Blosset, Chanoine de Lizieux, aussi Seigneur
en partie desdits droits & revenus
de ladite Terre & Châtellenie de
Saint Maurice: pour Maître Charles Grillet, Archidiacre de Puy-
saye, Curé de la Vau, & pour les
Curé & Paroissiens dudit lieu : &
pour Louis d'Orliens, Ecuyer,
Seigneur de Frizeau : & Simon
Picard Procureur de l'Eglise &
Fabrique de Faverolles, a été dit
que lesdites Terres & Seigneuries
de Bleneau, du Coudrai, Courson, de Châtenay-le-Haut, de la
Villotte, de ladite Châtellenie de

Saint Maurice, de la Vau, de Frizeau & de Faverolles, ont été de tout tems & ancienneté regies & gouvernées par la Coutume de Montargis.

Par lesdits Fernier & Robinet Avocat & Procureur pour lesdits Messire Joachim de Roussi, & aussi pour les manans & habitans audit Grand-champ, a été dit que ledit lieu de Grand-champ est mouvant des Baronies de Thoucy & Champinelles, lesquelles Baronies, ensemble ledit lieu de Grand-champ, ont été de tout tems regies & gouvernées sous ladite Coutume de Montargis & de Lorriz, protestans audit nom comme dessus.

Ledit Bergerat pour ledit Amyot Andreas, Seigneur de Changy ; les manans & habitans de Changy, & Damoiselle Huguette Courtigno, Dame en partie de Breugnon, a dit que les Terres de Changy & Breugnon ne sont affises au Bailliage d'Auxerre ni enclaves d'icelui, ains sont lesdi- tes Terres entierement assises au Pays & Duché de Nivernois : auquel Pays & Duché y a Coutu- me arrétée & homologuée, par laquelle les habitans desdites Terres & Seigneuries ont été de tout tems regies & gouvernés. A cette cause, proteste que sa comparition esdits noms ne puis- se préjudicier audit Seigneur & habitans dudit Changy & Dame de Breugnon.

Nous Commissaires susdits avons ordonné que les susdits au- ront acte de leursdites remon- trances, declarations & protesta- tions, pour leur servir & se pour- voir sur icelles, ainsi qu'il appar- tiendra par raison.

Ont été aussi appellés ceux qui suivent, contre lesquels le Pro- cureur du Roi ce requerant, avons donné défaut, à sçavoir contre le Prieur du Pié, le Prieur de

Saint Aubin, le Prieur de Marcy,
le Prieur-Curé de Villefargeau,
les Chantres, Chanoines & Chapitre de Saint Fergeau, le Chapitre d'Appoigny, le Chapitre de
Clamecy, le Curé de Saint Martin lez Saint Marien, le Chapelain de la Chapelle Saint Jean,
fondée en l'Eglise de Migé, le
Curé de Mouffy, le Prieur-Curé
de Soyeres, le Curé de Dienne,
le Curé de Quincy, les Curés de
Chancy, Perrigny la Rose & de
Marcy, les Chapelains de Saint
Martin, de Saint Jean, de Notre-
Dame au dedans de l'Eglise de
Saint Eugene, dit de Saint Renobert de Varzy : les Curés de
Courcelles, de la Chapelle Saint
André, de Corbellin, de Corvol l'orgueilleux, de Fontenail-
les-lez-Courson, de Molemes,
de Sementeron, Diges, Pourrain, Chevanne, Beauche, Ef-
cams, Saint Germain, Saint Georges, de Saint en Puisaye, de Treigny,

gny , le Prieur-Curé de Dam-
pierere , les Curés d'Arquien ,
d'Annay , de Neuvy , de Myennes, de Faverolles , de Monſtiers,
de Saint Sauveur , de Parroy-lez-
Donzy , de Couloutre & la Riviere de Meneſtreau d'Entrain ,
de Corvol, Dambenard, de Cham-
plemys , de Châteauneuf , de
Saint Malo , de Colmery , de Ceſ-
ſy lez-Bois, de Saint Martin-lez-
Donzy , le Curé dudit Donzy, les
Curés de Saint Martin , de Saint
Jacques en l'Egliſe de Saint Laurent de Coſne , de Saint Ai-
gnan de Coſne , de Prugny de
Levys , de Fontaines-lez-Thou-
cy , de Dracy , de Grand-champ ,
de la Villotte , de Moleſme-lez-
Thoucy , de Parly , de Merry ,
Juilly , Charbuy , Lindry , Beauvoir , de Eſgleny , Saint Moriſe
le vieil , Chaſſy , de Poilly , de
Perrigny lez Auxerre , de Fraces
près Clamecy , de Château San-
ſoy , d'Aſnieres , Chamo , Saint

Etienne de Vezelai , Saint Pierre dudit Vezelai , d'Arquien
sous Vezelai , Montelvot , de
Brosses , de Voultenay , de Saint
Maure , d'Arcy sur Cure , de
Precy le Secq , de Sacy , de Lucy sur Cure , le Prieur de Besy ,
de Vermenton , de Trucy , de
Merry sur Yonne , de Vincellot-
tes , d'Irancy , de Saint Cire , de
Chitri , de Venoy , de Bleigny ,
de Valdemercy , de Monestau , de
Chicheri , d'Espineau , de Cher-
moi , de Bounard ; de Cheni ,
d'Ormoi , de Chichi , Saint Sulpice , de Boully , de Rebourseau ,
de Venousse , de Rouvrai , d'Hery , de Sainelai , de Jully , Des-
colives , de Vincelles , de Prey ,
de Quesne , de Grisy , de Villeneuve Saint Salle , le Comte de
Charvy , les Religieux , Abbé &
Couvent de Saint Martin d'Au-
tun , Seigneurs de la Brosle , le
Seigneur d'Arcy sur Cure , le
Seigneur de Sacy , de Basarne en

Vermenton , de Courtenay en
Vermenton, le Seigneur du Bou-
chet, de la Rippe , de Lezigny ,
de Chitry , de Voulves , d'Espineau de Chichy , de la Mothebu-
chin , de Quesne , Escolives , de
Curly , de Lyn , de Thury , de
Columbiers , de Chauminet , de
Sardy , de Bertignelles , Aubigny,
de Ferrieres de Villiers le Secq ,
de Perrigny la Rose , du Metz ,
de Trucy l'orgueilleux , de Besse,
de Lucy sur Yonne , de Maigny ,
de Dagnus , de Fontenailles lez
Courson , de Sementeron , de
Chaſtenoy le bas , de Chaſtenoy
le haut , de Seully & Rozieres ,
de Boiscenarry , du Deffend , de
Saint en Puiſaye , de Fontenay ,
de Garchy , de Cheneau , de Chaſ-
ſin , des Rochettes , de Maiſonfort , de Chitry , d'Argenoul , de
Beauvillain , Myennes , de la
Brueres , de Longueron , de Bri-
ſiardin , de la Garde , de la Rivierre , de Saint Cire lez Entrain,

V ij

Blancfort , de Nanvignes , de Corvol le Dambenard , de Colmery , de Vergiez & de Sainte Colombe de Saint Quentin , de Saint Martin , de Saint Andelin, & du Regnard , de Villemoron, de la Broffe lez Donzy , des Guyons , de Mainjoint , & de Miffars , de Draci , de la Genefte des Barthelots , de la Villotte , Deufort les moulins de Bonnard , de la Motte , de Balles, de Sermoife , de Branches , de Bruniers , & de Gaftines : les manans & habitans d'Irancy , de Fraces , de Chaftel Sanfoi d'Aurigny , du Bois d'Arcy , de Saint Maurice , d'Arcy fur Cure , de Sacy , de Lucy , de Pregilbert de Merry fur Yonne , de Mailly le Châtel , de Bafarne , de Venoy , de Val de Mercy , de Monefteau , de Charmoy de Bonnard , de Cheny, d'Ormoy, de Chichi, du Mont Saint Sulpice , de Venouffe , de Sainelai , de Hauterive , de Che-

milly & Beaumont, de Juffy, de
Vincelles, de Gourgy, de Gri-
fy, de Goix lez Saint Bris, de
Villeneuve Saint Salles, d'Eſtais
Millon, de Thury, de Fouſſegil-
let, de Dreye d'Eſtais, de Billy,
Doiſy, d'Andrie, de Ferrieres,
de la Maiſonfort, de Villepre-
noy, de Mouez, de Perrigni la
Roze, de Marcy, de Corvol
l'orgueilleux, de Trucy l'orgueilleux de Sembreve, de Collanges ſur Yonne, de Crain, de
Lucy ſur Yonne, de Fontenailles lez Courſon, de Courſon, de
la Ruë du Bois, de Chaſtenoy le
bas de Diges, de Pourriam, d'Eſ-
cam, Saint Germain, de Saint
Georges, de Boiſcenarry, du
Deffend, de Bouy, de Dampier-
re, de Saint Verain, de Dalligny
de Bitry, d'Argenoul, d'Arquien,
d'Annay, de Neuvy, de Villeneuve, de Myennes, de Cours,
de Saint Loup des bois, de Fave-
relles, de la Vau, de Bleneau,

de Montiers, de Saint Sauveur, de Cyez, de Perroy, de la Rivierre, du Château du Bois, d'entrain, de Mignerelt, de Manvignes, de Châteauneuf, de Chameri de Saint Malo, de Colmery, de Cessy, de Sainte Colombe, de Seully, de Saint Martin lez Donzy, de Saint Quentin lez Sully, de S. Laurent, l'Abbaye de Cosne sur Loire, de Poigny, de la Brosse, de la Villotte, de Merry lez Esgleny, de la Racine en la Paroisse Saint Aubin de Châteauneuf, de Chairbuy, de Lindry, de Beauvoir, d'Esgleny, de Fleury, de Branches, & de Perrigny. Contre tous lesquels non comparant en personnes ni par Procureur, avons donné défaut portant tel profit que de raison.

Ce fait, avons fait faire le serment aux Gens desdits trois Etats en tel cas requis & accoutumé : à sçavoir qu'en leurs loyautés & consciences il nous rapporteroient ce qu'ils ont vû garder & obferver des Coutumes anciennes dudit Comté & Bailliage d'Auxerre, anciens refforts & enclaves d'icelui, & ce qu'ils en fçavent, ceffant toute affection privée & particuliere : ayant feulement égard au bien public. Nous difant auffi leur avis & opinion de ce qu'ils trouveront dur, rigoureux & déraifonnable des Coutumes anciennes ci-devant par eux obfervées. Pour, comme tel, être par nous, felon qu'il nous eft mandé par lefdites Lettres de Commiffion, temperé, moderé, corrigé, ou du tout abrogé : ce qu'ils ont promis & juré faire.

Et après avons, en prefence defdits Officiers & Gens defdits trois Etats, commencé à faire lecture de certain Cahier que lefdits Officiers & autres Praticiens & Gens des trois Etats avoient entr'eux dreffé fur un ancien Livre de papier écrit à la main , intitulé par ces mots : **Ce** *font les Coutumes qui ont été redigées & mifes par écrit par les Gens des Trois Eftats du Bailliage d'Auxerre , en enfuivant les Lettres Patentes du Roy noftre Sire , dattées du deuxiefme jour d'Apuril avant Pafques mil cinq cens & fix , ainfi qu'il eft plus amplement contenu au procès verbal fur ce fait en l'affemblée derniere tenue en l'Hoftel des bourgeois , manans & habitans de la ville d'auxerre , le huictiefme jour de Septembre , l'an mil cinq cens & fept ,* figné à la fin , *Dany , Ferroul , Gontier , Prevoft , le Muet & Bourdeau.* Lequel Livre de papier nous a été pareillement préfenté pour icelui être conferé audit Cayer par eux dreffé ; & de l'avis defdits Officiers & Etats a été intitulé ledit Coutumier : **C O U-T U M E S** *du Comté & Bailliage d'Auxerre , anciens refforts & enclaves d'icelui.*

Et pour ce que pat ledit Cayer

avoient été dreſſés quatre Titres,
le premier, *De haute Juſtice*, le
deuxiéme, *De moyenne Juſtice,*
le troiſiéme, *De baſſe Juſtice*, &
le quatriéme, *De Juſtice Cenſiére
& exploits d'icelle* ; Avons, de l'a-
vis deſdits Etats, redigé leſdits
quatre Titres en un, en la maniere
qui ſuit : *De Juſtice haute, moyenne & baſſe.*

Le premier Article ſous ledit
Titre, a été de l'avis deſdits Etats
mis au lieu du premier Article qui
étoit audit Livre ancien, dont la
teneur ſuit : *Celui qui a haute
Juſtice, a Juriſdiction, puiſſance &
connoiſſance des cas requerans mort,
dernier ſupplice, mutilation & inciſion de membres & autre peine cor-
porelle : comme fuſtiger, pillorier,
écheler, bannir marquer, releguer,
déporter & autres ſemblables.*

Le II. Article commençant,
Tout Seigneur a été de l'avis deſdits Etats mis au lieu du deuxiéme Article dudit ancien Livre

dont la teneur étoit : *Item que tout Seigneur haut Justicier peut avoir signe patibulaire à trois pilliers ou plus s'il veut.*

Le IV. Article commençant par ces mots, *avoir*, *tenir*, a été, de l'avis desdits Etats, mis au lieu du quatriéme Article dudit ancien Livre, dont la teneur étoit : *Item pour avoir, tenir & bailler étallons de poids & de mesures appartient à haut Justicier ; mais la connoissance de la transgression desdites mesures appartient au moyen Justicier, jusques à soixante sols & au dessous.* En ce faisant a été rayé le quinziéme Article dudit ancien Livre dont la teneur suit : *Celui qui a moyenne Justice à connoissance des mesures jusqu'à soixante sols, lesquelles mesures il doit prendre du Seigneur haut Justicier : & si lesdites mesures étoient tenues & reputées telles qu'il les fallut brûler, ledit haut Justicier en auroit la connoissance & l'amende arbi-*

traire : & ledit moyen Justicier jusqu'à la somme de soixante sols,
comme compris audit quatriéme
Article.

A la fin du V. Article, commençant : *Si les signes patibulai-
res*, ont été, de l'avis que dessus,
ajoutés ces mots, & *avoir Lettres
de sa Chancellerie.*

Le VI. Article, commençant :
Si gens d'Eglise, a été, de l'avis
desdits Etats, mis au lieu des six
& vingt-quatriéme Articles dudit ancien Livre desquels la teneur étoit :

*Item que si Gens d'Eglise acquié-
rent aucuns héritages en la Terre
d'un haut Justicier, ledit haut Justicier leur peut faire commandement par la Justice, que dans l'an
& jour ils les mettent hors de leurs
mains, à peine de les appliquer à son
domaine ; laquelle peine sera contre
eux, appellés & ouis, declarée,
s'il est trouvé qu'ils n'ayent obéi
lesdits an & jour passés.*

Item, ledit Seigneur cenſier peut, par la Juſtice du Seigneur haut Juſticier, contraindre l'Egliſe qui de nouvel a acquis aucuns héritages à les mettre & bouter hors de leurs mains dans l'an & jour, à peine de les prendre & appliquer à ſon domaine, ainſi que dit eſt du Seigneur Haut Juſticier.

Les Articles VII. commençant, *& ne ſera*; VIII. commençant, *l'Indemnité.* IX. commençant, *Toutefois*, & X. commençant, *Et s'il avient*, ont été auſſi, de l'avis deſdits Etats, de nouveau introduits.

L'Article XI. commençant, *Tréſor muſé*, a été, de l'avis deſdits Etats, mis au lieu du ſeptiéme Article dudit ancien Livre, dont la teneur ſuit : *Item tréſor muſé d'ancienneté dont l'on ne peut avoir connoiſſance à qui il puiſſe appartenir, avient au Seigneur haut Juſticier.*

A la fin du XII. Article com-
men-

mençant, *Donner assurement*, ont été, de l'avis desdits Etats, ajoutés ces mots : *Lequel ne doit être baillé sans sommaire connoissance de cause, sinon qu'il soit respectivement baillé aux Parties.*

Et de l'avis desdits Etats les Articles qui étoient audit ancien Livre sous le Titre *des Asseuremens & Sauvegardes*, ont été rayés & remis à la discretion des Juges, desquels Articles la teneur étoit : *Asseurement est donné & doit être donné par le Haut Justicier ou son Juge à toute personne qui le demande, & qui affirme soi douter d'aucune personne.*

Assurement pourra être donné par le Seigneur Haut Justicier ou son Juge quel qu'il soit, non pas un Moyen ou Bas Justicier.

Qui induement enfraint Sauvegarde, il enchet selon la Coutume de France en peine capitalle, qui est de la barre.

Assurement est rompu par battre

X

ou frapper induëment celui contre qui est donné ledit assurement, ou par autre à son aveu & poursuitte, la personne à qui est donné ledit assurement ou autre de sa famille ou maison, & non pour injures valables. Toutefois que si celui qui a donné ledit assurement injurioit verbalement celui à qui il l'a donné, il sera puni pecuniairement, à l'arbitrage du Juge.

Sauvegarde speciale se baille & peut être baillée & donnée par le Haut Justicier ou son Juge à ses sujets ou à aucuns d'eux.

Sauvegarde generale & spéciale peut étre baillee par le Roi ou ses Baillifs Sénéchaux à toute personne du Royaume, soit en géneral ou particulier, reservé aux sujets en général contre le Seigneur, s'il n'y a cause raisonnable dont il appelle.

Qui enfraint la Sauvegarde du Roi enchet en la peine & amende arbitraire envers le Roi, & la Partie injuriée, selon la qualité du de-

lit & la faculté du delinquant.

Si aucun enfraint en son cœur du Haut Justicier, il enchet en la peine & amende arbitraire envers le Seigneur Haut Justicier; & la Partie injuriée, comme dessus est dit.

Sauvegarde est enfrainte par batture ou voye de fait, faite en la personne qui est en la Sauvegarde, & non pour injure verbale; mais ladite Sauvegarde aggrave lesdites injures.

En faisant la lecture du XIII. Article, commençant par ces mots : *Toutes Aubeines*, ledit Procureur du Roi a dit & soutenu que toutes Aubeines appartiennent au Roi seul, privativement à tous autres Seigneurs Hauts Justiciers, & qu'il en est en possession immémoriale : ce qui a été denié par les Gens d'Eglise & Nobles qui ont soutenu ledit Article être ancien, & avoir été observé de tout tems. Surquoi avons renvoyé les Parties à la Cour au

X ij

lendemain de la Saint Martin prochaine , pour par elle en étre ordonné.

Le XVI. Article, commençant, *Celui qui a* , a été ajouté de nouveau par l'avis desdits Etats.

A l'Article XVIII. commençant, *Le Seigneur bas* , ont été , de l'avis des desdits Etats , mis ces mots, *raisonnables & à rez de chauffée* , au lieu de ces mots *& ceps* , qui étoient au dix-huitiéme Article dudit ancien Livre.

L'Article XIX. commençant, *Aux Seigneurs haut* a été ajouté de nouveau. Et ce faisant ont été rayés les treize & quatorziéme Articles dudit ancien Livre desquels la teneur suit. *Celui qui a haute Justice peut & lui loist créer & bailler tuteurs & curateurs , caution en cas d'éminent peril & dommage : mettre & decreter aucun être mis en la poffeffion d'aucune chose ; bailler sauvegardes , & auffi gardes & commiffions en cas de nou-*

velleté, desquels de l'infraction d'i-
ceux à lui appartient la Jurisdiction
& connoissance, & par prévention
en appartient au Roi, quant au cas
de nouvelleté seulement.

Item, à ladite Jurisdiction appartient faire main-mise, subbas-
tations, inventaires, interpositions
de decret & émancipations.

L'Article XX. commençant,
Celui qui a Justice, a été, de
l'avis desdits Etats, pour plus
grande explication d'icelui, mis
au lieu du dix-neuviéme Article
dudit ancien Livre, dont la teneur suit: *Celui qui a Justice Censiere peut lever & percevoir pour
lesdits cens non payés amende de
trois sols, & contraindre les détempteurs des héritages à lui payer
trois années avec lesdits trois sols
seulement, pour le défaut, quelque laps de tems que l'on ait délaissé de payer lesdits cens.*

A l'Article XXI. commençant,
Le Seigneur Censier à droit, après

ces mots *le contrat d'achat*, a été, de l'avis desdits Etats, pour l'explication d'icelui, ajoûté ce mot, *parfait*, & ont été rayés ces mots, *s'il n'y a privilege, coûtume locale ou usance au contraire*, qui étoient audit ancien Coutumier ; sans déroger ou préjudicier aux droits des Parties, & titres qu'elles pourroient avoir au contraire : mêmement aux droits de retenuë, que ledit d'Aubuz, pour & au nom dudit Maître Pierre Pinart, Maître de la Chambre des Comptes à Paris, a soutenu lui appartenir en sa Terre & Châtellenie de Vincelles, & possession immemoriale d'iceux. Et a été rayé les six & vingt-sixiéme Articles dudit ancien Livre, dont la teneur étoit : *Si aucun achepte heritage en la Censive d'un Seigneur Censier, & dans quarante jours, à compter du tems dudit achat ne paye ou deprie les lots & ventes audit Seigneur Censier ou à son Receveur, il y a* amende de soixante sols tournois envers ledit Seigneur pour la recellée , comme compris audit vingt-uniéme Article.

A été , de l'avis desdits Etats , rayé le vingt-deuxiéme Article dudit ancien Livre dont la teneur étoit : *Item que le Seigneur Censier peut avoir Siége d'une forme & d'une table pour recevoir ses Cens* , comme inutile & superflu, attendu que le Seigneur censier peut lever son cens en la forme qu'on a accoutumé ès autres Pays.

Le XXII. Article commençant, *Peut aussi ledit Seigneur Censier* , a été , par l'avis desdits Etats , mis au lieu des vingt-trois & cent dix-septiéme Articles dudit ancien Livre dont la teneur étoit : *Item peut le Seigneur Censier, par faute de censives non payées , faire empêcher la déblure & fruits pendans en l'heritage , redevables à payer censives, & en maisons faire empêcher les louages pour la derniére année en cas d'opposition , & y aura main garnie : & au regard du defaut , il échet en action.*

Le Seigneur Censier pour la Cen-sive & pour les arrérages de trois années qui lui en sont dûs , peut faire brandonner les héritages , & les fruits étant en iceux. Et des maisons & édifices , faire arréter & empécher les louages ; & en cas d'opposition la main du Censier de-meurera garnie pour la derniere année seulement , & le defaut se doit poursuivre par action.

En procedant à la lecture des-dits Articles de Coutumes , a été fait lecture d'un Article * étant audit cayer qui a été dreslé par les Officiers dudit Auxerre , & autres Gens des trois Etats , dont la te-neur étoit : *L'on ne peut tenir au-cuns héritages en Justice Haute, Moyenne & Basse d'un Seigneur ,*

* *Article XXIII. Voyez ci-après à la fin des débats ce qui reste de ce présent débat.*

sans payer audit Seigneur la Cen-
sive, ou à celui qui est Seigneur
Censier, s'il n'y a titre au con-
traire.

A été remontré par ledit Fermier, pour le Tiers Etat que ledit Article avoit été dressé par les
Gens d'Eglise & Noblesse, contre
le gré & au grand préjudice de
ceux du Tiers Etat : & en ce faisant avoient immué le six, vingt
& quinziéme Article dudit ancien
Livre, dont la teneur étoit : *Tous*
héritages sont tenus & réputés
francs, s'il n'appert du contraire,
& que celui qui prétend charge de
cens ou redevance quelle qu'elle
soit, ne le prouve & montre suffi-
samment.

Et combien que ledit Article
fût discordé par les Gens d'Eglise
& Noblesse, lors que ledit ancien
Livre fût dressé en l'an 507. Toutefois ledit Article auroit été toujours auparavant, & depuis gardé
& observé comme conforme au

droit naturel & commun , & aux Coutumes prochaines dudit Comté , même aux Coutumes de Troyes , qui portent semblable Article. A cette cause requeroit que ledit ancien Article demeurât ainsi qu'il étoit audit ancien Livre.

Et par lesdits Chevalier , pour l'Eglise , & le Bryois pour la Noblesse , a été soutenu au contraire , disant que ledit Article n'avoit été onques observé , & qu'il y a eu plusieurs Arrêts & Jugemens au contraire : & même qu'il y avoit un Article aux Livres Coutumiers anciennement imprimés, dont la teneur étoit : *Item que nul ne peut tenir aucuns héritages en Justice, Haute, Moyenne & Basse d'un Seigneur, sans payer audit Seigneur la Censive, ou à celui qui est Seigneur Censier, s'ils n'ont titre au contraire.*

A quoi par ledit Fermier a été repliqué que ledit Article a été faussement imprimé, attendu qu'il n'est audit Livre ancien, qui est le vrai original des Coutumes arrêtées audit an 1507 étant signé par les Lieutenant, Officiers, & autres Deputés des Etats pour lors. Et que ledit Article imprimé se referoit à une Coutume locale de Varzy. Joint que notoirement audit Comté & Bailliage d'Auxerre y a plusieurs climats & territoires allodiaux, & exemts de tous droits de Censive : partant, s'opposoit à ce que ledit Article, dont premierement a été fait lecture, fût par nous arrêté, comme Article de Coutume. Au moyen dequoi avons remis à en ordonner par ci-après, à la fin de notre séance.

Les Articles XXIV. commençant : *Celui qui aura* ; & XXV. commençant : *Et fera l'échange*, ont, de l'avis desdits Etats, été de nouvel introduit.

En faisant lecture du XXVI.

Article commençant, *Le condam-*
né, a été remontré par ledit Procureur du Roi, que ledit Article
a été réformé, au préjudice dudit
Seigneur : car par le XXVII. Article dudit ancien Livre, dont la
teneur étoit : *Celui qui est pour*
aucun crime condamné au dernier
supplice confisque corps & biens. Et
appartient la confiscation aux Sei-
gneurs Hauts Justiciers, sous & en
la Justice desquels sont lesdits
biens, excepté toutefois en cas de
leze-majesté. Et quand les hérita-
ges du malfaiteur seroient main-
mortables envers aucun Seigneur,
audit Seigneur appartiendroient les
confiscations, pour crime de leze-
majesté absolument, sans distinguer
si elle étoit divine ou humaine. Et
fut tel accordé par les Etats audit
an 507, comme il appert par ce
qui est écrit en la marge dudit ancien Article. Et par lesdits Chevalier & le Brioys, pour lesdits
Etats d'Eglise & de Noblesse, a
été

été dit au contraire, que ledit
Article en ces mots *leze-majesté*
s'entendoit seulement de la majesté humaine & non divine, de
laquelle ne se parloit pour lors.
Surquoi avons ordonné que ledit
Article demeureroit ainsi qu'il est
couché sans préjudice du passé, &
du droit dudit Seigneur, pour le
regard de ladite majesté divine,
pour lequel avons renvoyé les
Parties à la Cour au mois.

L'Article XXVIII. commen-
çant, *l'homme marié*, a été, de
l'avis desdits Etats, mis au lieu
du vingt-neuviéme Article dudit
ancien Livre, dont la teneur étoit:
Item l'homme marié par son
forfait perd tous ses biens, meubles,
propres héritages, & conquêts im-
meubles, & non pas le propre hé-
ritage & douaire de sa femme, la-
quelle en ce cas ne paye nulles dettes.

A la fin du XXIX. Article
commençant, *La femme*, ont été,
de l'avis desdits Etats, ajoutés ces

Y

mots : *La totalité des meubles &*
conquêts demeurant au mari, le-
quel les retenant demeure chargé
de payer toutes lesdites dettes.

De l'Article XXXI. commençant, *Bâtards*, ont été, de l'avis
lesdits Etats, ôté ces mots
étant en l'ancien Livre, *issus de*
gens d'Eglise ou laics, & ces mots
Excepté qu'ils ne peuvent ordonner
de leursdits biens par forme d'insti-
tution d'héritier.

Le XXXII. Article, commençant, *Et si lesdits bâtards*, a été
accordé par lesdits Etats, & mis
au lieu du trente-quatriéme Article, étant audit ancien Livre, dont
la teneur étoit : *Item si lesdits bâ-*
tards ont des enfans en loyal ma-
riage, lesdits enfans leur succedent :
Et pareillement ils succedent à
leursdits enfans, & non autres,
& conséquemment les enfans des-
dits enfans, & les freres ou cousins
succedent les uns aux autres.

Dudit Livre ancien a, de l'avis desdits Etats, été rayé le trente-cinquiéme Article, dont la teneur étoit : *Item & si la ligne ainsi procedant dudit bâtard cesse , les biens dont seront détempteurs lesdits héritiers procedant dudit bâtard , & qui mouveront du propre Fief d'icelui bâtard , seront au Seigneur Haut Justicier où ils seront assis : & les autres biens meubles & immeubles tourneront à la ligne franche desdits hoirs.*

A la fin de l'Article XXXIV. commençant, *un bâtard* , ont été en conséquence desdits trente-deux & trente-troisiéme Articles, ajoutés ces mots, *ou par subséquent mariage , sinon à sesdits enfans comme dit est* , & rayé ces mots, *posé qu'il ait couronne* , qui étoient en l'ancien Livre.

De Fiefs.

DE l'Article XLII. commençant, *Le Seigneur féodal* , ces mots,

Mais si pour aucune cause raison-
nable le Seigneur féodal y appose sa
main , il ne fera point les fruits
siens , jusqu'à ce que les quarante
jours soient passés , étant à la fin
du deux cens dix neuviéme Article dudit ancien Livre , ont été ,
par l'avis desdits Etats, rayés comme superflus , & compris tant au
present Article qu'aux subsequens.

L'Article XLV. commençant
sera tenu , a été, de l'avis desdits
Etats , de nouvel ajouté.

L'Article XLVI. commençant, *le*
vassal, a été de l'avis desdits Etats,
de nouvel introduit & mis au lieu
du deux cens vingt-troisiéme Article dudit ancien Livre , dont la
teneur étoit: *Le vassal, par quelque*
offre qu'il fasse au Seigneur féodal ,
ou en son absence au lieu dont est
mouvant sondit Fief , ne se peut
dire saisi à l'encontre de son Seigneur
féodal , s'il n'en est ensaisiné , ou
reçû en foi & hommage par son Sei-
gneur féodal ou par son Souverain

mediat , ou autre ayant à ce puif-
fance ; fuppofé que ledit Seigneur
féodal ne faffe pas les fruits fiens
depuis ladite offre , mais par ap-
préhenfion de fait , ou par la Cou-
tume par laquelle le mort faifit le
vif , ou autrement il fe peut dire
faifi dudit Fief à l'encontre d'autres
que dudit Seigneur féodal , pofé
qu'il n'en ait point entré en foi &
hommage , ni rien y être reçu : lequel ancien Article a été de l'avis
que deffus abrogé.

A l'Article XLIX. commen-
çant, *Si aucune terre ,* ont été ,
de l'avis defdits Etats ajoutés ces
mots : *dans quarante jours après la*
notification de l'acquifition faite
par celui qui lui a prefenté la foi
de declarer s'il entend ufer de fon
droit de retenue, & s'il declare qu'il
veut avoir ladite retenue dans qua-
rante jours après : lefquels mots ,
pour le regard de la préfixion du
tems étoient omis à l'Article deux
cens vingt-fixiéme dudit ancien
Livre.   Y iij

Les Articles LIII. commençant *en succession*, & LIV. commençant, *& au dedans*, ont, de l'avis defdits Etats, été de nouvel introduits, excepté en ces mots qui font à la fin dudit cinquante quatriéme Article. *Et aura ledit fils aîné le nom, cri & pleines armes de la Maifon*; qui font en fubftance contenus au deux cens trente-neuviéme Article dudit ancien Livre.

Les Articles LV. commençant, *Et fi en chacune*, LVI. commençant *La fille*, & LVII. commençant *Toutefois*, ont auffi été de l'avis defdits Etats de nouvel introduits.

L'Article LX. commençant *Le vaffal*, a été, de l'avis defdits Etats, mis au lieu du deux cent vingt - neuviéme Article dudit ancien Livre, dont la teneur étoit : *Si ledit Vaffal vend & conftitue rente perpétuelle fur fon Fief, faire le peut fans le confentement* dudit Seigneur féodal dudit Fief, au préjudice de ses héritiers, ou ayans cause: mais il ne le peut faire au préjudice de son Seigneur féodal. Mais toutefois il loît audit Seigneur féodal d'inféoder ladite rente, pour plus grande explication d'icelui.

A la fin du LXII. Article commençant *L'héritier*, ont été, de l'avis desdits Etats, ajoutés ces mots, *Lequel sera tenu de déclarer son choix dans quarante jours.*

A l'Article LXIV. commençant, *Le Seigneur féodal*, ont été, de l'avis desdits Etats, & pour plus grande explication de l'ancien, ajoutés & interposés ces mots: *Toutefois ladite coupe ou pêche ne demeurera entièrement audit Seigneur féodal, mais sera évaluée & estimée, & n'en aura qu'au pro rata d'une année, eu égard au tems que lesdits bois ou étangs auroient été respectivement coupés ou pêchés.*

Le LXV. Article commençant

Le Seigneur, a été, de l'avis desdits Etats, & pour plus grande
explication de l'Article deux cens
vingt-deuxiéme dudit ancien Livre, mis au lieu d'icelui duquel
la teneur étoit : *Toutefois si ledit*
Seigneur féodal vient en sadite Ter-
re , & il est averti dudit devoir ,
il peut mander son vassal par cri
général ou particulier , & lui faire
sçavoir sa venue , & lui assigner
jour pour venir faire sondit devoir
devers lui audit lieu , ou devers
homme qu'il y commettra pour le
recevoir , si faire se doit. Et si au-
dit jour ledit vassal ne vient , ledit
Seigneur féodal prendra défaut con-
tre lui , & en son defaut pourra
exploiter sondit Fief , & seront les
fruits dudit Fief siens , tout ainsi
que si ledit vassal n'avoit fait son
devoir.

Le LXVII. Article commen-
çant *Le Seigneur* , a été aussi pour
plus grande explication mis au
lieu du deux cens trente-cinquié-

me Article dudit ancien Livre dont la teneur étoit : *Quand le Seigneur féodal fait empécher la Terre tenue de lui en plein Fief , il peut confequemment empécher les arriere - Fiefs dépendans du plein Fief ; mais il ne peut empécher l'arriere-Fief fans avoir préalablement empéché & tenu en fa main ledit plein Fief. Et fi lefdits vaffaux avoient auparavant ledit empéchement repris de leur féodal immédiat , & payé les droits & devoirs , ledit Seigneur féodal qui affirme ledit empéchement , ne leur peut demander que la bouche & les mains.*

L'Article LXXI commençant *Pour partage*, a été , de l'avis defdits Etats , mis au lieu du deux cens quarante-uniéme Article dudit ancien Livre , dont la teneur étoit : *En partage de freres & fœurs , de Fief noble n'y a nul relief , ni autre profit.*

A l'Article LXXIII. commen-

çant *Si de la vente* ; ont , de l'avis
defdits Etats , été mis ces mots ,
dans vingt-quatre heures après ,
au lieu de ces mots , *Et tôt après* ,
qui étoient au deux cens quaran-
te-troifiéme Article dudit ancien
Livre.

Les Articles LXXVI commençant , *La fille* , LXXVII. commençant , *Le Seigneur féodal* , &
LXXVIII. commençant , *Pour*
douaire , ont , de l'avis defdits
Etats , & pour plus grande explication , été mis au lieu des deux
cens quarante-cinq , deux cens
quarante-fix & deux cens quarante feptiéme Articles dudit ancien Livre , defquels la teneur
étoit : *Si aucun Vaffal délaiffe par*
trépas une fille ou plufieurs , ils ne
doivent de relief ni leurs maris pour
eux , fuppofé qu'elles foient ma-
riées : & ne doivent que la bouche
& les mains , ni leurs maris fem-
blablement.

Le Seigneur féodal ne peut pref-

crire contre *son vassal* nec è con-
tra ; *&* *doit ledit Seigneur recevoir*
son vassal en faisant ses devoirs.
Mais le quint dernier & relief se
peuvent prescrire.

En douaires de veuves n'y a nul
relief ni tuteurs & curateurs d'en-
fans mineurs nobles

Les Articles LXXXI. commençant *Quand le Fief* , & LXXXII.
commençant *Si le vassal* , ont été,
de l'avis desdits Etats , de nouvel ajoutés , pour avoir lieu à
l'avenir , sans préjudice du passe.

De Censives.

L'Article LXXXIII. com-
çant *Lots & ventes* , qui étoit audit ancien Livre : mais lors qu'il
fut redigé par écrit , discordé ,
comme appert en la marge dudit
Article , a été présentement accordé par lesdits Etats.

Sur l'Article LXXXV. com-
mençant *En échange,* a été remon

tré par ceux de Varzy & de Vezelay, que pour tel échanges faits
but à but, ils ont privilege & locale Coutume en leurs Prevôtés &
Châtellenies de ne payer aucuns
lots. Et après qu'il nous est apparu d'une exception dudit Article, étant audit Livre ancien dont
la teneur ensuit : *Excepté ès Villes*
de Varzy, Vezelay, Châtellenie
de Fleury & Branches, esquelles
échanges faits sans nulles soultes
n'y a lots ni ventes. Ensemble de
l'apostille étant en marge d'icelle
exception contenant ces mots :
Ce que les Religieux, Abbé & Cou-
vent de Vezelai Seigneurs dudit
lieu ne confessent, & demeure l'ar-
ticle quant à eux non accordé, &
quant aux autres Seigneurs de-
meure envers eux accordé. Avons
ordonné que ledit Article demeurera, sans préjudicier aux droits,
privileges & titres particuliers
des habitans desdits lieux, si aucun
en ont.

A

A la fin du LXXXVI. Article, commençant *Pour héritage,* ont été, de l'avis defdits Etats, ajoutés ces mots : *qui eft de deux fols tournois, comme dit eft.*

L'Article LXXXVIII. commençant *Pour bail d'héritage,* a été, par l'avis defdits Etats, accordé & mis au lieu du cent vingt-quatriéme Article dudit ancien Livre, dont la teneur étoit : *Qui tranfporte ou baille fon héritage à rente ou à rachapt, le Seigneur cenfier avant le tems du rachat, prendra feulement le lot de la fommme promife & accordée pour ledit rachat : mais quand ladite rente fera rachetée, il prendra & aura les ventes de la fomme accordée pour ledit rachat.* Lequel ancien Article avoit été difcordé par les Etats d'Eglife & Noblefle, foutenant qu'il étoit dû lots & ventes du jour de la vente & auparavant ledit achat.

L'Article XC. commençant,

Si les vendeurs, a été, de l'avis desdits Etats, accordé & mis au lieu du cent vingt-septiéme Article dudit ancien Livre, dont la teneur étoit : *Si le vendeur & acheteur d'un héritage chargé de censive, après la vendition consti-tuée, départent de leur consentement du marché avant qu'ils partent du lieu, n'y a lots, ventes, ni amende, pourvu qu'aucunes Lettres n'ayent été passées de ladite vente.*

A la fin de l'Article XCII. commençant *Si aucun propriétaire* qui étoit discordé audit ancien Livre & presentement a été ac-cordé par lesdits Etats, ont été ajoutés, de l'avis d'iceux Etats, ces mots, *Sans démolition, pourvu que ce ne soit le preneur ou son héritier.*

A l'Article XCIV. commen-çant, *& au semblable*, ont été, de l'avis desdits Etats, interposés ces mots, *Sans bourse délier.*

A la fin de l'Article XCV. com

mençant, *Si un héritage* , ont été ,
de l'avis defdits Etats , ajoutés ces
mots : *Et fera la terre déclarée vacante quand elle demeurera dix ans
fans détempteur entre âgés & non
privilegiés.*

Les Articles XCVII. commençant, *Pour partage* , & XCVIII.
commençant, *Cens fur cens* , ont,
de l'avis defdits Etats, été de nouvel introduits , pour avoir lieu à
l'avenir.

L'Article XCIX. commençant,
Si aucun vend , a été accordé par
lefdits Etats , au lieu du cent
trente - quatriéme Article dudit
ancien Livre dont la teneur étoit :
*Si aucun vend fon héritage , étant
cenfive , moyennant que le vendeur
baille l'argent dans deux . trois
ans ou autre tems , il aura fon héritage , le Seigneur prendra tous
les lots & ventes de ladite vendition , incontinent fa vente faite :
Mais fi le vendeur rachete ledit héritage dans ledit tems , il n'y aura*

ni lots ni ventes pour ledit rachat.
Lequel Article avoit été difcordé
audit an 507.

De Servitudes.

A la fin de l'Article C. commençant, *Vuës & égoût*, ont été,
de l'avis defdits Etats, pour plus
grande interprétation, ajoutés ces
mots : *Encore que ladite jouiffance
fût centenaire ou plus.*

Auffi à la fin du CI. Article
commençant *Chacun peut*, ont de
l'avis que deffus, été ajoutés ces
mots, *Fût de cent ans ou plus.*

A la fin de l'Article CII. commençant, *Chacun n'eft contraint*,
ont été, de l'avis que deffus, ajoutés ces mots : *Qui en ce cas demeurera propre à celui qui l'aura ré-
paré ou édifié.*

Les Articles CIV. commen-
çant, *Quant aux pants*, CVI.
commençant, *Toutes murailles*,
& CVII. commençant, *Et où en-*

tre , ont été , de l'avis defdits Etats , de nouvel introduits.

L'Article CX. commençant, *On ne peut ,* a été , de l'avis que deflus, mis au lieu du quatrevingt-feptiéme Article dudit ancien Livre dont la teneur étoit : *On ne peut faire four en fon béritage contre l'édifice de fon voifin , s'il n'y a deux pieds d'épaiffeur de muraille entre deux : Et pareillement ne peut-on faire chambres quoyes contre fon voifin , s'il n'y a deux pieds d'épaiffeur.*

Les Articles CXI. commen çant, *En mur mitoyen le premier ,* CXII. commençant, *En mur mitoyen chacune ,* CXIII. commençant, *Et au regard des lancieres ,* CXIV. commençant, *Paffant par l'héritage d'autrui ,* CXV. com. mençant, *le jet ,* CXVI. commençant , *Quant en maifon ,* & CXVII. commençant, *Pour façonner ,* ont été , de l'avis defdits Etats , de nouvel introduits.

De Rentes & Criées.

A la fin du CXVIII. Article commençant , *Si aucun baille,* par l'avis defdits Etats , ont été ajoutés ces mots , *ou obligation perfonnelle.*

L'Article CXX. commençant , *Rentes conftituées ,* a, par l'avis defdits Etats , été mis au lieu du cent foixante - treiziéme Article dudit ancien Livre , dont la teneur étoit : *Rentes volages qui font à rachat fortiffent nature de meuble durant le tems du rachat.*

L'Article CXXI. commençant, *La femme eft tenuë ,* a été de l'avis defdits Etats ajouté , pour avoir lieu à l'avenir.

A la fin de l'Article CXXII. commençant, *Si aucun héritage,* ont , par l'avis defdits Etats , été ajoutés ces mots : *Et fi dans dix ans le détempteur revient , ledit créancier fera tenu lui rendre ledit*

héritage, lui payant les meliora-
tions sans déduction des levées qui
demeureront audit créancier.

A l'Article CXXIII. commençant, *S'il n'y a aucun*, ont, par
l'avis desdits Etats, été mises
trois quatorzaines au lieu de trois
quinzaines qui étoit à l'ancien.
Et aussi à la fin dudit Article ont
été ajoutés ces mots, *Et seront
lesdites solemnités gardées & observées en toutes exécutions &
criées d'héritages.*

Aussi à l'Article CXXV. commençant, *Si les quatorzaines*,
ont été en conséquence du prece-
dent Article, mis quatorzaines
pour quinzaines.

A l'Article CXXIX. commençant, *Meubles*, ont été, par l'a-
vis que dessus, interposés ces
mots, *Si ce n'est pour louage de
maisons.*

L'Article CXXX. commen-
çant, *si plusieurs*, a été de l'avis
desdits Etats ajouté de nouveau.

A la fin de l'Article CXXXI. commençant, *tiers détempteurs*, ont, par l'avis que dessus, été ajoutés ces mots : *De la deterioration desquels avenue pendant la détention, ils seront personnellement tenus.*

Les Articles CXXXII. commençant, *si une personne*, & CXXXIII. commençant, *si aucun vend*, ont été, de l'avis desdits Etats, & pour explication de l'Article cent quatre-vingt troisiéme dudit ancien Livre, dont surdoient plusieurs différends, mis au lieu dudit ancien Article, dont la teneur étoit : *Si aucun vend rente sur tous ses héritages, le vendeur ou ses héritiers seront premiers contraints à payer lesdites rentes & arrérages que le tiers détempteur : tant que le rentier pourra être payé dudit vendeur, ou de ses hoirs, il ne pourra contraindre le tiers débiteur à payer, ou délaisser ledit héritage dont il est dé-*

tempteur. *Mais le rentier aura
bien déclaration d'hypoteque contre
ledit tiers détempteur si bon lui semble pour s'adresser contre lui au
tems avenir, si metier est, & pour
interrompre prescription.*

De Contrats, & Conventions.

L'Article CXXXIV. commen-
çant, *Pour rendre un contrat
autentique*, a été, de l'avis desdits Etats & pour plus grande explication, mis au lieu du cent cin-
quante-neuviéme Article dudit
ancien Livre, dont la teneur étoit,
*Un Notaire ou Tabellion ne peut
recevoir contrat s'il n'y a deux témoins, ou qu'ils ne soient deux
Notaires, autrement lesdites Lettres sont de nul effet.*

A l'Article CXXXV. commençant, *Si aucun*, ont été, de l'a-
vis desdits Etats, ajoûtés & interposés ces mots *quinze jours, à*

commencer du terme de ladite an-
née entiére échû.

A l'Article CXXXIX. com-
mençant, *Salaire*, ont été, de l'a-
vis desdits Etats , mis ces mots
quinze jours , au lieu de huit jours
qui étoient en l'Article cent soixante quatriéme dudit ancien
Livre.

Le C X L I. Article commençant, *Le vendeur* , a été , de l'a-
vis desdits Etats , mis au lieu du
cent soixante sixiéme Article dudit ancien Livre , dont la teneur
étoit, *Le vendeur de vins n'est tenu*
de les garder outre vingt jours s'il
ne lui plaît. Et si l'acheteur ne les
leve dans lesdits vingt jours , il
perd ses arres , si aucunes en a bail-
lées , & le peut le vendeur reven-
dre à autre , si bon lui semble.

Les Articles CXLII. commençant , *Et après le vin* , CXLIII.
commençant , *Le marchand* ,
CXLIV. commençant , *Aucun ne*
peut , CXLV. commençant , *Nul*

ne sera tenu, CXLVI. commençant, *Tellement*, CXLVII. commençant, *Le courratier*, &
CXLVIII. commençant, *Nul ne
peut*, ont été, de l'avis desdits Etats,
de nouvel introduits.

A l'Article CL. commençant,
Pour chose baillée, ont été, de
l'avis que dessus interposés ces
mots, *Soit à un ou cinq ans*, pour
plus grande interpretation. Et
aussi ont été audit Article aiou-
tés, pour avoir lieu à l'avenir,
ces mots : *Ni semblablement pour
dettes d'enfans mineurs, louages
de maisons, bail d'heritage a moison ou ferme, cens ou rente fonciere, vente de vins, dette procedant de delit ou malefice, de chose
adjugée par Sentence ou Jugement
contradictoire, ou donnée du consentement de Partie.*

Les Articles CLI. commençant
Un vendeur, & CLII. commençant, *Le conducteur*, & CLIII.
commençant, *Le locateur*, ont,

par l'avis defdits Etats, été ajoutés pour avoir lieu à l'avenir.

Du Retrait lignager.

A L'article CLIX. commen-
çant, *En échange*, ont, de l'avis
que deffus, été ajoûtés ces mots :
*Toutefois ſi ledit héritage échangé
étoit racheté dans l'an & jour de
la vente, tel échange ſera réputé
vendition & par ce moyen ſujet
à retrait.*

L'Article CLXI. commençant
En vente, a été, de l'avis defdits
Etats, de nouveau introduit, &
mis au lieu du quarante-uniéme
Article dudit ancien Livre, dont
la teneur étoit : *Item en vente de
rente volage à perpetuelle poſſeſſion
y a retrait.* Lequel Article avoit
été difcordé en l'an 507. comme
eft porté en la marge dudit Article ancien.

A la fin de l'Article CLXII.
commençant, *L'héritage donné,*
ont

ont été de l'avis que dessus ajoûtés
ces mots ; *Et si ledit héritage est
donné pour être conquêt aux deux
conjoints , & depuis il est par eux
vendu , il y a retrait pour la portion appartenant audit enfant , en
faveur duquel la donation auroit
été faite.*

A l'Article CLXVI. commencant , *Si partage* , ont été , de
l'avis desdits Etats , & pour
plus grande explication interposés ces mots , *De biens communs.*

A la fin de l'Article CLXVII,
commencant , *En vente* , ont été
ajoutés ces mots: *A compter du jour
de la délivrance & scel d'icelui.*

A l'Article CLXXIII. commencant , *Celui des parens* , ont été ,
de l'avis desdits Etats , mis & interposés ces mots : *Sans avoir
égard à la priorité de l'heure de l'a -
journement dudit jour* , au lieu de
ces mots, *Aussi-tôt l'un comme l'autre*, qui étoient en l'Article cin-

quante-troisiéme dudit ancien Livre.

L'Article CLXXIV. commen-
cant, *Si l'étranger*, a été, de l'a-
vis desdits Etats , & pour plus
grande explication mis au lieu du
cinquante-quatriéme Article dudit ancien Livre , dont la teneur
étoit : *Si aucun après une acqui-*
sition pour doute du retrait ou au-
trement s'absente de la Châtelle-
nie où l'héritage est assis , on le doit
faire ajourner à la personne de son
Procureur ou entremetteur de ses
besognes , si aucun en a , sinon par
cri public , & consigner en main de
Justice l'argent , & en ce faisant
après quatre deffauts , sera adjugé
audit lignager l'héritage par re-
trait , & l'argent baillé à l'ache-
teur s'il revient ou à ses hoirs.

L'Article CLXXVIII. commen-
cant par ces mots, *Si l'héritage est*
revendu , a été, de l'avis desdits
Etats, de nouvel introduit.

L'Article CLXXXI. commencant, *Si le mari*, a été, par l'avis desdits Etats, pour plus grande explication & en conséquence des precedens, mis au lieu du soixantiéme Article de l'ancien Livre, dont la teneur étoit : *Si deux mariés retrayent un héritage, icelui héritage sera & demeurera du côté dont procedera le retrait, en rendant à icelui d'eux qui n'est lignager ou à ses hoirs la moitié du prix, méliorations, frais & loyaux coûts qui en auront été baillés dans l'an & jour après le decès de l'un desdits mariés.*

Les Articles C L X X X I I. commencant, *Pour retrait*, CLXXXIII. commencant, *Si la journée*, CLXXXIV. commencant, *Et s'il appelle*, & CLXXXV. commencant, *L'an du retrait*, ont été, de l'avis desdits Etats, ajoutés de nouveau.

De Prescriptions.

A L'Article CLXXXVI. commencant, *Foi & hommage*, ont été, par l'avis defdits Etats, ajoutés & interpofés ces mots, *Cens d'héritages roturiers.*

Les Articles CLXXXVII. commencant, *Le tiers détempteur*, & CLXXXIX. commencant, *Le profit de l'indemnité*, ont été, de l'avis defdits Etats, de nouveau introduits & ajoutés.

De Communauté de biens.

L'Article commencant, *Et fuppofé*, a été, de l'avis defdits Etats, ajouté pour l'avenir & fans préjudice du paffé.

Les Articles CXCII. commencant, *La femme peut*, CXCIII. commencant, *Et doit ladite femme*, CXCV. commencant, *En*

succeffion, & CCI. commençant ,
Quand aucuns , ont été , de l'avis
defdits Etats , de nouvel introduits.

A la fin de l'Article CCIII.
commençant , *Si l'un des deux ,*
ont été, par l'avis que deffus ajoutés ces mots , *S'il n'eft interpellé*
d'en faire partage ou profit.

L'Article CCVII. commençant
Femme mariée, a été, de l'avis defdits Etats , ajouté comme étant
gardé d'ancienneté , mais omis
audit ancien Livre.

Et a été fait lecture du cent
cinquante fixiéme Article étant
audit ancien Livre , dont la teneur étoit, *Les Bourgeois & Bour-*
geoifes de diverfes Seigneuries ma-
nans & demeurant en ladite Ville
Cité, & Faubourgs d'Auxerre con-
joints par mariage font uns & com-
*muns en tous biens , meubles & *
conquêts , immeubles & propres
héritages : qui a été rayé de l'a-
vis defdits Etats , comme n'ayant

été gardé encore qu'il fut écrit.

De Douaires.

LEs Articles CCVIII. commencant, *La femme après le trépas* , & CCIX. commencant , *Douaire coutumier* , ont été , par l'avis des Etats, introduits de nouveau pour avoir lieu à l'avenir és mariages qui se feront ci-après.

Les Articles CCXI commencant , *Femme après le trépas ,* CCXII. commencant *Douaire préfix constitué* , & CCXIII. commencant , *Femme douée de douaire préfix ne peut* , ont , par l'avis desdits Etats, été de nouvel ajoutés pour avoir lieu à l'avenir.

L'Article CCXIV. commencant, *Femme douée par douaire préfix de somme* , a été accordé par lesdits Etats pour avoir lieu à l'avenir & sans préjudice du passé , combien qu'à la marge du même Article, étant le deux cens neuviéme Ar-

ticle dudit ancien Livre fuſſent
mis par forme d'apoſtille ces mots
rayé par le conſeil.

L'Article CCXV. commencant,
Tous douaires, & CCXVI. commencant, *La douairiere*, ont été,
auſſi par l'avis deſdits Etats, de
nouvel ajoutés en conſéquence
des précedens Articles.

De Donations.

A L'Article CCXVII. com-
mencant, *donner*, ont été ajoutés pour plus grande explication
ces mots : *c'eſt-à-dire, quand celui qui donne ſe reſerve la faculté
de pouvoir diſpoſer de la choſe donnée, ou bien quand celui qui donne
ne ſe déſaiſit actuellement de la
choſe par lui donnée par tradition
réelle ou par cauſe tranſlative de
poſſeſſion, comme conſtitut, retention d'uſufruit, precaire ou autre.*

A l'Article CCXVIII. com-
mencant, *Qui eſt âgé*, ont été

ajoutés, de l'avis que deſſus, ces mots : *Reſervé la légitime où elle y échet ; mais ſi au tems de la donation le donateur étoit malade de maladie dont il décedat dans quarante jours après ladite donation , elle ſera reputée teſtamentaire & pour cauſe de mort , & pourra être revoquée dans leſdits quarante jours & non après.*

A la fin du CXXIX. Article commencant, *Donation faite par pere* , ont , par l'avis que deſſus, été ajoutés ces mots : *Sinon que telle donation fût faite par le traité de mariage , auquel cas elle vaudra , moyennant que ladite légitime ſoit reſervée aux autres enfans.*

L'Article CXXXII. commencant *L'homme & femme* , a été, de l'avis deſdits Etats , mis au lieu du cent neuviéme Article dudit ancien Livre, dont la teneur étoit : *Homme & femme mariés enſemble étant en bonne ſanté égaux en áge*

& en chevance, & non ayans enfans, peuvent donation mutuelle
pareille faite & égalle entre vifs
donner l'un à l'autre survivant
tous les biens, meubles & conquêts
immeubles en les prenant par inventaire & appréciation, pour en
jouir par le survivant sa vie durant seulement en baillant caution
suffisante, & à la charge d'accomplir le testament & payer les dettes
sur la part & portion de l'heritier
en tant qu'à lui touche, & aussi de
soutenir lesdits conquêts immeubles.
Et aura ledit Article CCXXII.
lieu pour l'avenir, sans préjudice
du passé & droits acquis aux Parties.

L'Article CCXXIII. commencant, *Est ledit survivant*, a été,
de l'avis que dessus, ajouté pour
avoir lieu à l'avenir.

A l'Article CCXXIV. com-
mencant, *Donation d'héritage*, ont
été, de l'avis desdits Etats, ajoutés ces mots : *Toutefois la chose*

donnée retourne au donateur ou à ses héritiers.

De Testamens & Exécution d'iceux.

L'Article CCXXVI. commencant, *que le testament*, a été, de l'avis desdits Etats, mis au lieu du quatre-vingt-dixiéme Article dudit ancien Livre, dont la teneur étoit : *A solemnité de testament est requis & suffit qu'il soit fait & passé en la main d'un Notaire avec deux témoins, ou aussi ès presence de deux Notaires, ou que le testament soit écrit ou signé de la main du testateur, ou passé pardevant le Recteur ou Chapelain de la Cure où est fait ledit testament presens deux temoins.*

L'Article CCXXVII. commencant, *Institution*, a été mis au lieu du quatre-vingt-onziéme Ar-

ticle dudit ancien Livre dont la
teneur étoit : *Inftitution d'héri-*
tiers n'a point de lieu en maniere
que ce foit.

A la fin de l'Article CCXXVIII.
commençant *Homme & femme ,*
ont été, de l'avis defdits Etats,
ajoutés ces mots, *directement ou*
indirectement.

A la fin de l'Article CCXXXI.
commençant , *les légataires ,* ont
été , de l'avis defdits Etats , ajoutés ces mots : *fans lefquels héritiers*
appeller ne fe peut faire la déli-
vrance des immeubles legués par
ledit teftament.

A la fin de l'Article CCXXXVI.
commençant , *Après l'an ,* ont été,
de l'avis que deffus , ajoutés ces
mots : *par Juftice ,* au lieu de ces
mots , *par le Dioccfain ou par les*
Officiers du Roi , ou par les Hauts
Jufticiers ou leur Juftice qui pre-
mier previent ; qui étoient au cen-
tiéme Article dudit ancien Livre.

Et, procedant outre à la lecture

desdits Articles , ont été rayés les cent-uniéme & cent deuxiéme Articles dudit ancien Livre desquels la teneur étoit : *L'homme d'Eglise de franche condition non Religieux peut disposer de tous ses biens tout ainsi que l'home laic , jaçoit ce que lesdits biens lui soient venus de ses benefices.*

Entre testament & codicile la Coutume ne fait point de difference.

L'Article CCXXXVIII. commencant , *Femme mariée* , qui avoit été discordé audit an 1507. à été présentement accordé par lesdits Etats.

De Succession , Partages & Divisions.

L'Article CCLI. commencant , *Pere & mere* , a été , de l'avis desdits Etats , accordé & mis au lieu du soixante troisiéme Article étant audit Livre ancien , dont

dont la teneur étoit : *Item le pere & la mere succedent à leurs fils ou filles en tous biens meubles & conquets. Et s'ils sont morts & qu'ils ne veulent accepter la succession, l'ayeul ou ayeulle y succedent & sont plus prochains que les freres & sœurs du trépassé quant ausdits biens meubles & conquéts. Mais lesdits freres & sœurs héritent quant aux héritages propres du côté & ligne desquels ils attaignent audit trépassé.*

L'Article CCXLII. commençant, *Pareillement si l'oncle & tante,* a été, de l'avis desdits Etats de nouvel introduit.

L'Article CCXLIII. commençant, *Si aucun va de vie à trépas,* qui avoit été discordé audit an 1507, a été présentement accordé par lesdits Etats.

L'Article CCXLIV. commençant, *Pere, mere & autres,* a été, ce l'avis desdits Etats, mis au lieu des soixante-septiéme, deux cens

soixante-uniéme, deux cens soixante-troisiéme & deux cens soixante - quatriéme Articles dudit
ancien Livre, desquels la teneur
étoit : *Item & si aucuns pere &*
mere avoient un ou plusieurs en-
fans, ils leur peuvent donner au
traité de mariage ce qu'il leur plaît
en argent, biens, meubles & he-
ritages. Et néanmoins pourront ve-
nir à leur succession avec les autres
enfans, en rapportant ou précomp-
tant ce qu'ils auront eu en mariage ;
à sçavoir la moitié à la succession
du pere, & l'autre moitié à la suc-
cession de la mere, ou eux tenir à
leurdit mariage. Enfans mariés de
biens communs ou de propre hérita-
ge de pere & de mere doivent en la
succession desdits pere & mere rap-
porter en partage avec leurs freres
& sœurs ce qu'ils ont eu en ma-
riage desdits pere & mere, à sçavoir
en la succession du pere la moitié,
& en la succession de la mere l'au-
tre moitié, ou eux tenir à ce qu'ils

auront eu en mariage, ainſi que dit eſt ci-deſſus.

Si pere ou mere donnent à leurs fils ou filles argent ou héritage auparavant, durant & après ſon mariage pour affection qu'ils ont à lui ou à elle, ledit fils ou fille en la ſucceſſion deſdits pere & mere ſera tenu de rapporter avec ſes cohéritiers à ladite ſucceſſion, tout ainſi que s'il étoit donné en contemplation de mariage.

Celui ou celle à qui a été donné don par mariage ou autrement à charge de rapport, peut, ſi bon lui ſemble, s'en tenir à ce qui lui a été donné, ſans venir à la ſucceſſion, à laquelle il devoit rapporter: & par ce demeurera quitte dudit rapport.

A la fin de l'Article CCXLVI. commençant, *Héritiers ſuccedans*, ont été, de l'avis deſdits Etats, ajoutés ces mots: *Et faire apprécier dans quinze jours après qu'ils auront fait acte d'héritier la part*

& quotité des biens esquels ils succedent ; & en défaut d'avoir ce fait, sera tenu chacun d'eux aux dettes dudit défunt par égale portion, sauf le recours aux moins prenans à l'encontre des plus prenans.

L'Article CCXLVII. commençant, *Representation a lieu*, a été, de l'avis & consentement desdits Etats, accordé ; & en ce faisant, a été abrogé le soixante-troisiéme Article dudit ancien Livre dont la teneur étoit : *Item représentation n'a lieu ès successions de pere ou de mere ni autres en succession directe ou collateralle, s'il n'est expressément dit, tracté & accordé en traité de mariage par pere ou mere, ou autres parens faisant ledit traité. Mais si aucune représentation a été accordée, en faisant & tractant le mariage d'un enfant par pere ou autre parent, les autres enfans auront droit de représentation, avenir aux successions des susdits,*

comme celui ou traité duquel la repréfentation aura été accordée fuppofé qu'il ne foit accordé par leur
traité de mariage , excepté ès Villes
& Châtellenies de *Varzy* , *Veze-*
lay , *Juffy* , *Precy le-Sec* , & *Tru-*
cy , efquelles repréfentation a lieu.

Et a été de l'avis defdits Etats
rayé l'article foixante-feize dudit
ancien Coutumier , dont la teneur étoit : *Un étranger demeu-*
rant outre les monts ne fuccede point
aux biens de fes parens morts au
Royaume ; mais leur fuccedent leurs
autres parens demeurans audit
Royaume , finon il compete au Roi.

L'Article CCXLIX. commen-
çant , *Religieux* , a été , de l'avis
defdits Etats, de nouvel introduit.

A la fin de l'Article CCLII.
commençant , *Héritage baillé* ,
ont été , de l'avis defdits Etats ,
ajoutés ces mots : *Et fi celui au-*
quel a été donné ledit héritage ,
y fait quelques réparations & mé-
liorations , il en fera rembourfé ,

294 *Procès*

au cas que lesdites méliorations
soient utiles ou nécessaires.

L'Article CCLIII. commen-
çant, *Fils ou filles*, a été de l'a-
vis que dessus, ajouté pour l'a-
venir, sans préjudice du passé.

De Tutelle & Curatelle.

A la fin de l'Article CCLVII.
commençant, *Enfans nobles*, ont
été, de l'avis desdits Etats, ajoutés ces mots: *Mais pour ce ne pourront aliéner & hypotéquer leurs
immeubles.*

L'Article CCLVIII. commençant, *Tuteurs & Curateurs*, a
été, de l'avis que dessus, de nouvel ajouté.

Des Usages & Pâturages.

L'Article CCLXII. commen-
çant, *Nul ne peut*, a été, de l'a-

vis defdits Etats, mis au lieu du cent quatre-vingt-treiziéme Article dudit ancien Livre, dont la teneur étoit : *Nul ne peut mener bêtes aumailles en taillis nouveaux d'aucuns bois jufques après la troifiéme feuille : car ils gâtent la racine du bois.*

A l'Article CCLXIII. commençant, *Prés fauchés,* ont été, de l'avis defdits Etats, mis ces mots, *jufqu'au premier jour de Mars feulement,* au lieu de ces mots, *jufqu'au quinziéme jour de Mars,* qui étoient en l'ancien. Et outre y ont été ajoutés ces mots, *Après lequel tems n'y pourront, fous prétexte d'ancienne jouiffance, mener leur beftial, foit le jour de Pâques, ou Vendredi Saint, ou autres jours.*

A l'Article CCLXIV. commençant, *En quelque tems,* ont été, de l'avis defdits Etats, ajoutés ces mots, *Vignes & faufis.*

Les Articles CCLXX. commen-

çant , le Sergent , CCLXXI.
commençant , *Il est permis* , &
CCLXXII. commencant , *Et sera le gage* , ont été , par l'avis
desdits Etats de nouvel introduits.

Ce fait , * a été a la requête
du Tiers Etat, repris l'Article faisant mention que tous héritages
sont tenus & reputés francs de
Censive , s'il n'appert du contraire. Et a été fait lecture d'un
Article dressé par aucuns Officiers
& Praticiens dudit Lieu selon l'intention de la plus grande partie de
l'Assemblée , ainsi qu'il se pou-
voit recueillir par la dispute qui
en auroit été par ci-devant faite à
la lecture d'icelui Article. Afin
d'accorder à quelque moyenne
opinion le différend qui se feroit
mû pour ce regard entre lesdits
Etats, duquel Article la teneur suit :
*Tous héritages sont tenus & reputés
francs & libres de Censives , s'il*

* *Voyez ci-dessus le débat de l'Article*
XXIII.

n'appert du contraire. Et aussi , excepté que si un Seigneur a accoutumé de prendre Censive en sa Terre ,
le particulier ne s'en pourra exempter pour quelque tems que ce soit ,
s'il n'a titre ou convention au contraire. Mais sera tenu payer icelle
Censive à la raison des autres héritages sujets & redevables à icelle.
Et où il y aura audit Lieu Censive
de divers prix, à raison de la moindre.

Auquel Article se font accordés lesdits Gens d'Eglise & Nobles. Mais par ledit Fermier pour
ledit Tiers Etat a été persisté , que
ledit Article cent trente cinquiéme , étant audit Livre ancien devoit demeurer ; & que où il nous
plairoit d'arrêter ledit Article à
nous presenté & qui leur auroit
été présentement lu, qu'il y faudroit ajouter après ces mots, *s'il
n'appert du contraire* , ces mots,
par titre ou possession immémoriale.
Et que quant aux Titres il s'en

pourroit encore montrer. Toutefois une grande partie d'iceux
ont été perdus & brûlés par les
guerres de Bourgogne qui ont eu
cours en la ville d'Auxerre & ès
environs. Et quant à ladite poffeffion immémoriale , qu'ils la
prouveront aifément : à ces caufes s'oppofoit de rechef & empê-
choit , pour ledit Tiers Etat ,
que ledit Article paffât pour Coutume fi n'y voulions ajoûter lefdits mots , *titre ou poffeffion immémoriale.* Soutenu au contraire par
lefdits Chevalier & le Brioys ,
pour l'Eglife & Nobleffe , que
ledit prétendu ancien Article ne
fut jamais accordé ni obfervé
comme ils ont dit ci-devant. Surquoi , après que de rechef avons
demandé l'avis defdits Etats ,
avons à la voix defdits deux Etats
d'Eglife & Nobleffe , ledit Tiers
Etat contredifant , ordonné que
ledit vingt-troifiéme Article nou-
vellement dreffé demeurera pour

Article de Coutume pour l'avenir, sans préjudice du passé & droits des Parties qu'ils peuvent avoir par titres, privileges & possessions immémoriales, si aucunes en ont. Et ce nonobstant l'opposition dudit Fernier audit nom qui a protesté d'appeller.

Et sur ce que pendant ladite lecture des Articles contenus audit cayer ont été confusément faits aucuns débats : à sçavoir que ledit Loyset, pour les manans & habitans de Coulanges-les-Vineuses & du Val de Mercy, a dit que quand aucun achete héritage au dedans desdites Seigneuries & Finage d'icelle, n'est dû que douze deniers tournois pour le lot, ils ont possession immémoriale, laquelle même leur a été accordée par feu Philippe de Châtellux, pere dudit Olivier de Châtellux, à present Seigneur esdites Seigneuries de Coulanges & du Val de Mercy. Lorsque, par le com-

mandement du feu Roi Louis
XII. les Articles des Coutumes
dudit Bailliage d'Auxerre furent
dreſſés par le Bailli dudit Auxerre
ou ſon Lieutenant. Et que ledit
Marmaigne pour ledit Seigneur
de Bazarne a dit qu'en la Châtellenie dudit Bazarne dépendances
& appartenances d'icelle ledit Seigneur a droit d'aliener, portant
défaut & amende de recelé &
droit de retenue quand le cas y
échet, & y eſt fondé en titre.

Et que ledit leRoi pour leditGer-
main Grail, Seigneur du Fief qui
fut Regnault le Roux, a dit que
ledit ſieur à cauſe dudit Fief prétend avoir, outre ſes droits cen-
ſuels, droit de retenue, & eſt
fondé audit droit en titre. Et que
leſdits Maîtres Germain le Clerc
& Pierre le Clerc pour les manans
& habitans de Peſtau, ont dit
que leſdits habitans ont privileges & droit d'amende pour priſe
de bêtes & autres choſes, & ſont
pour

pour raison desdits privileges
& droits fondés en titres & poffeffions immémoriales. Et que ledit Maître Pierre d'Aubuz pour
lefdits habitans de Vermenton, a
dit qu'iceux habitans ne doivent
que douze deniers pour lot , &
douze deniers parifis pour chacune livre des acquifitions qu'ils
font, des héritages affis audit lieu
de Vermenton, en la Terre du
Roi. Et pour le regard de la Terre Dieu, ils ne doivent lots ni
ventes. Et quant aux autres hé -
ritages féans audit Vermenton,
pareillement ils doivent douze
deniers tournois pour lot , &
vingt deniers pour livre & des
prifes ordinaires ils ne doivent
que douze deniers tournois, femblable fomme pour le défaut de
l'inftance, & douze deniers parifis pour les défauts qu'ils font
pardevant le Bailli d'Auxerre, &
que de tous lefdits droits ils font
fondés en titres & poffeffions immémoriales.   C c

Et que ledit Maître Louis Barrault pour les manans & habitans
de la Ville de Chitry, a dit que
toutes maisons tant édifiées qu'à
édifier en la ville, fauxbourgs &
finage dudit Chitry, sont de franc-
aleu, ensemble tous prés, terres
labourables, vallées, jardins,
cheneviéres & vergers sont quittes de Censives, lots, ventes,
défauts, amendes & toutes autres redevances : & que quant
aux vignes situées au finage de
Chitry, elles ne doivent au Seigneur que six deniers tournois
de Censive pour arpent ; pour-
tant droit de lot, qui est seulement de deux sols ; & que de ce
ils sont fondés en titres & possessions immémoriales.

Et qu'encore ledit Barrault, pour
les habitans de Montigny le Roi,
a dit que lesdits habitans ont par
Chartres leurs amendes pour le
fait des prises faites ès bois, eaux,
forêts & prés ès finages dudit

Montigny taxées comme les habitans d'Auxerre : Et jouiffent de
mêmes privileges, proteftant tous
les fufdits audit nom que la pré-
fente rédaction de Coutume ne
puiffe préjudicier à leurfdits
droits.

Nous Commiffaires fufdits, vû
l'avis de l'affiftance , avons décla-
ré & declarons que par notre pré-
fente redaction de Coutume n'en-
tendons préjudicier à la poffeffion
immémoriale alleguée par lefdits
manans & habitans de Coulanges
& du Val de Mercy : Auffi n'en-
tendons préjudicier aux droits al-
légués par lefdits Marmaigne le
Roi , Germain & Pierre le Clerc,
d'Aubuz & Barrault pour lefdits
Seigneurs de Bazarne du Fief qui
fut Regnault le Roux, manans &
habitans de Peftau , de Vermenton, de la ville de Chitry & Montigny le Roi , efquels ils fe trouveront fondés par titres , jugemens & arrêts.

C c ij

Après la lecture defquelles Coutumes générales ledit Tribolé pour & au nom dudit Meffire Edmé de Prie Seigneur de Tefmillon & des habitans dudit Tefmillon nous a préfenté un cayer en papier contenant plufieurs Articles qu'il a dit être Articles des Coutumes localles & particuliéres de tout tems gardées & obfervées audit Tefmillon, requérant à cette caufe que euffions à les inférer en la fin du cayer des Coutumes generales dudit Auxerre, ce qui a été empêché par lefdits Avocat, & Procureur du Roi audit Auxerre, difant que lefdits Articles n'ont été onques obfervés audit Tefmillon, auffi ne font rapportés comme il eft requis, les trois Etats dudit Tefmillon affemblés, requérant que lefdits habitans de Tefmillon fuffent néanmoins condamnés à l'obfervation defdites Coutumes generales dudit Auxerre.

A laquelle obſervation deſdites
Coutumes generales, nous Commiſſaires ſuſdits, avons condamné leſdits Sieurs & habitans de
Treſmillon ſans toutefois préjudicier à leurs droits, privileges
& titres particuliers, ſi aucuns en
ont.

Ce fait, en procédant à la lecture, Arrêt & publications deſdites Coutumes qui a été faite par
Ordonnance & en la preſence de
Nous Commiſſaires ſuſdits, &
des Officiers du Roi audit Comté
& Bailliage d'Auxerre en ladite
Salle de l'Evêché, lieu deſtiné
pour ce faire : Avons ledit ſubſtitut du Procureur Général du Roi
audit Auxerre, à ce requérant,
dit & ordonné, diſons & ordonnons que les ſuſdits ajournés qui
ne ſont comparus durant notre
Séance à la rédaction deſdites
Coutumes, ſoient Gens d'Egliſe,
de Nobleſſe, ou du Tiers État,
ſeront pour le profit dudit défaut

par Nous contre eux donné , cen-
fés reputés être fujets aux Coutumes dudit Comté & Bailliage
d'Auxerre , ainfi arrêtées par lefdits trois Etats. Et au furplus
avons dit & ordonné que lefdites
Coutumes feront tant par lefdits
défaillans que comparans entrete-
nuës , gardées & obfervées pour
Loi. Et à ce faire les avons condamnés , leur faifant inhibitions
& défenfes de pofer & articuler
dorenavant autres Coutumes. Et
aux Baillis , leurs Lieutenans &
autres Officiers dudit Comté ,
Pays & Bailliage d'Auxerre de
non recevoir les Parties à pofer &
articuler autres Coutumes , & de
les appointer à informer fur icelles par tourbes , faifant auffi in-
hibition & défenfes aux Avocats , Procureurs , & autres Gens
de Confeil, de dépofer & alléguer
en Jugement & ailleurs autres
Coutumes que les fufdites accordées.

Et tout ce que deſſus Nous
Commiſſaires ſuſdits certifions
être vrai, & avoir été fait comme eſt contenu en ce préſent notre Procès-verbal, lequel en té-
moin de ce avons ſigné de nos
ſeings manuels, & ſcellé du Scel
de nos armes, les an & jour que
deſſus. C. DE THOU. B. FAYE,
VIOLE.

Fin du Procès Verbal.

EXTRAIT DES REGISTRES
de la Cour de Parlement.

Apportées & préſentées par
Maître Chriſtophe de Thou,
Chevalier, Premier Préſident,
Barthelemy Faye, Jacques Viole,
Conſeillers en la Cour de céans,
Commiſſaires à ce deputés par le
Roi, & reçues de l'Ordonnance
d'icelle, en la preſence du Pro-

cureur Genéral dudit Seigneur, le Vendredi second jour d'Avril, l'an mil cinq cent soixante-deux, avant Pâques. *Ainsi signé*, DU TILLET.

F I N.

TABLE

TABLE

Des principales Matiéres con-
tenues en cette Coutume.

A

C

TABLE

TABLE

L

M

S.

C iij

V.

Fin de la Table des Matiéres.

PRIVILEGE DU ROI.

LOuis par la grace de Dieu, Roi de France & de Navarre : A nos amés & féaux Conſeillers les Gens tenans nos Cours de Parlement, Maîtres des Requêtes ordinaires de notre Hôtel, Grand Conſeil, Prevôt de Paris, Baillifs, Sénéchaux leurs Lieutenans Civils, & autres nos Juſticiers qu'il appartiendra: SA-LUT. Notre bien amé le Sieur FOUR-NIER, Imprimeur à Auxerre, Nous a fait expoſer qu'il déſireroit impri-mer ou faire imprimer, & donner au Public un Livre intitulé, *Coutume d'Auxerre*, s'il nous plaiſoit de lui accorder nos Lettres de permiſſion, pour ce néceſſaires, nous lui avons permis & permettons par ces Pré-ſentes, d'imprimer ou faire imprimer ledit Livre, en un ou pluſieurs vo-lumes, & autant de fois que bon lui ſemblera, & de les faire vendre & débiter par tout notre Royaume, pendant le tems de trois années con-ſécutives, à compter du jour de la date deſdites Préſentes. Faiſons dé-fenſes à tous Libraires-Imprimeurs : & autres perſonnes de quelque qua-lité & condition qu'elles ſoient, d'en introduire d'impreſſion étrangere dans aucun lieu de notre obéiſſance : A la charge que ces Préſentes feront enrégiſtrées tout au long ſur le Regi-ſtre de la Communauté des Libraires & Imprimeurs de Paris, dans trois mois de la date d'icelles ; que l'impreſſion dudit Livre ſera faite dans notre Royaume, & non ailleurs, en bon papier & beaux caractéres, conformément a la feuille imprimée, & attachée pour modéle ſous le contre-Scel deſdites Préſentes ; que l'Impétrant ſe conformera en tout aux Réglemens de la Librairie, & notamment à celui du 10. Avril 1725. qu'avant que de les expoſer en vente, le Manuſcrit ou Imprimé qui aura ſervi de copie à l'Impreſſion dudit Livre, ſera remis dans le même état où l'Approbation y aura été donnée, ès mains de notre très-cher & féal Chevalier le ſieur DAGUESSEAU, Chancelier de France, Commandeur de nos Ordres ; & qu'il en ſera enſuite remis deux Exemplaires dans notre Bibliothéque Publique, un dans celle de notre Château du Louvre, & un dans celle de notredit très-cher & féal Chevalier le ſieur DAGUESSEAU, Chancelier de France ; le tout à peine de nullité des Préſentes ; du contenu deſquelles vous mandons & enjoignons de faire jouir leditExpoſant ou ſes ayans-cauſe, pleinement & paiſiblement, ſans ſouffrir qu'il leur

foit fait aucun trouble ou empêchement. Voulons qu'a la copie defdites
Préfentes, qui fera imprimée tout
au long au commencement ou à la
fin dudit Livre, foi foit ajoûtée
comme à l'Original. Commandons
au premier notre Huiffier ou Sergent, fur ce requis de faire pour l'é-
xécution d'icelles, tous actes requis
& néceffaires, fans demander autre
permiffion, & nonobftant clameur
de Haro, Chartre Normande & Lettres à ce contraires. CAR tel eft notre plaifir. Donné à Verfailles, le
troifiéme jour du mois d'Août, l'an
de grace mil fept cent quarante deux,
& de notre Régne le vingt-feptiéme.
Par le Roi en fon Confeil.

Signé, SAINSON.

*Régiftré fur le Régiftre XI. de la
Chambre Royale des Libraires & Imprimeurs de Paris, Nº. 56. Fol. 47. conformément aux anciens Réglemens, con-
firmés par celui du 28. Février 1723. A
Paris, le 7. Août 1742.*

Signé, SAUGRAIN, *Syndic.*